Jean Little

AUF NACH KANADA

Aus dem Englischen von
Karl Hepfer

Cecilie Dressler Verlag · Hamburg

© Cecilie Dressler Verlag, Hamburg 1998
Alle Rechte für die deutschsprachige Ausgabe vorbehalten
Copyright © Jean Little 1997
Die Originalausgabe erschien bei
Penguin Books Canada Ltd., Toronto 1997,
unter dem Titel *The Belonging Place*
Aus dem Englischen von Karl Hepfer
Einband von Michael Ruppel
Satz: Clausen & Bosse, Leck
Druck und Bindung:
Graphischer Großbetrieb Pößneck
Printed in Germany 1998*
ISBN 3-7915-1207-2

Inhalt

*Dieses Buch ist für Jeanie und Ben
und für alle Kinder, die mit Adoptiveltern,
Pflegeeltern, Großeltern oder anderen,
die sie lieben, zusammenleben und
mit ihnen den Platz teilen, an dem
sie sich zu Hause fühlen.*

Wie ich dazu kam, dieses Buch zu schreiben

Wenn ich nicht vom Heuwagen gefallen wäre, hätte ich diese Geschichte nicht schreiben können. Gebt mir also keine Schuld, wenn euch was nicht gefällt; gebt meinem Bruder Charlie die Schuld. Er stieß mich runter.

»Ich hab sie kaum berührt«, sagte er immer wieder, als ich auf dem Boden aufschlug und mein rechtes Bein unter mir abknickte. Er saß mit einem schuldbewussten Gesicht oben und schaute auf mich herab. Ich wollte ihn anbrüllen, war aber, wie sich herausstellte, so geschockt, dass ich nicht einmal flüstern konnte. Ich versuchte mich zu rühren, aber das Bein tat viel zu weh. Und noch stärker als das Bedürfnis zu reden war der Wunsch, Mutter wäre hier, würde mich umarmen und alles wieder gutmachen.

Vater merkte zunächst gar nicht, dass irgendetwas nicht stimmte. Das Geräusch, das Stars gewaltige Hufe machten, und das Knarren der Wagenräder hatten meinen Sturz übertönt. Charlie hätte etwas sagen müssen, aber er saß stumm und wie vom Blitz getroffen auf dem Heu. Der Wagen rollte also weiter und hielt dann bei Hamish, dem ältesten meiner Brüder, der mit der nächsten Ladung auf der Heugabel wartete. Erst als er sich etwas später umdrehte, sah er, dass ich nicht mehr neben Charlie oben auf dem Heu saß.

Mein jüngster Bruder Hugh war gerade mit einem Krug Tee für die Arbeiter vom Haus zurückgekommen und saß nun auf dem Zaun. Er hatte den Sturz beobachtet, sprang vom Zaun und flitzte wie der Wind zum Haus zurück. »Mutter, komm schnell. Elspet hat sich totgefallen!« Für seine elf Jahre war er manchmal noch reichlich dumm.

Arme Mutter! Als sie die Wiese erreichte, war sie kreidebleich. Ohne auf Kuhfladen oder eine Distel zu achten, ließ sie sich neben mich auf die Knie fallen. Vor Schreck hatte sie die Augen weit aufgerissen und rang nach Luft. »Oh, Elspet«, stöhnte sie. »Gott sei Dank, du lebst. Bist du schwer verletzt? Warte, bis ich Hugh in die Finger kriege. Mir so einen Schreck einzujagen.«

Ihr zärtlicher Blick sagte mir, dass sie sich um mich genauso sorgte wie um die vier Kinder, die sie geboren hatte. Aber ich hatte ohnehin seit meinem neunten Lebensjahr keinen Zweifel an ihrer Liebe. Und auch damals hätte ich sie nie in Frage gestellt, wenn mich nicht Jeanie Mackays Mutter durcheinander gebracht hätte, als sie ihren kleinen Jamie einen »Wechselbalg« genannt hatte.

Aber ich greife vor.

Hamish hatte sich, als er Hugh davonrennen sah, umgedreht, mich auf dem Boden liegen sehen und stürzte nun über das Stoppelgras auf mich zu; Vater war vom Wagen gesprungen und kam ebenfalls angerannt. Er kniete neben Mutter nieder und seine Augen sahen mir forschend ins Gesicht. Auch er war kreidebleich unter seinem wettergegerbten braunen Gesicht.

»Mir fehlt nichts«, beruhigte ich sie schnell. »Ich bin vom Heuwagen gefallen und mein Bein tut weh. Aber sonst fehlt mir nichts.«

Dann begann ich zu zittern. Als Mutter hörte, wie ich mit den Zähnen klapperte, sagte sie zu Charlie, er solle Vaters Kittel, der über einem Zaunpfahl in der Nähe hing, holen. Während sie mich zudeckte und den Kittel unter meinem Kinn feststeckte, merkte ich, dass mir Tränen über das Gesicht liefen.

»Es ist bloß der Schock«, sagte Mutter und wischte die Tränenflut weg. »Beweg dich nicht und versuch nicht aufzustehen. Ich hab Hamish nach Fergus geschickt, dass er den Doktor holt. Und sobald Granny da ist, schauen wir, was wir selber tun können. Sei so tapfer wie sonst auch, mein Herz.«

Granny Ross war schließlich doch noch von Schottland nach Kanada gekommen. Sie hatte bei uns gelebt, bevor wir auswanderten, und wir vermissten sie in der fremden neuen

Welt schrecklich. Mutter hatte während der ersten fünf Jahre hier in Kanada zwei Fehlgeburten gehabt und als sie merkte, dass sie wieder schwanger war, hatte sie Granny Ross gebeten zu kommen. Mutter war nicht mehr jung und das schwere Leben als Pionierfrau hatte seinen Tribut verlangt. Kinder, denen Granny auf die Welt half, gediehen fast immer.

Granny kam mit dem nächsten Schiff, das herüberfuhr, und Hannah Ruth erblickte gerade rechtzeitig zu Weihnachten das Licht der Welt. Sie war klein, aber lebhaft, und war unter Grannys sorgfältiger Pflege und mit unseren Gebeten schon fast zwei Jahre alt geworden. Andere Kinder hier haben fürchterliche Krankheiten bekommen, aber Ruth war bisher kräftig und gesund geblieben.

Ich hatte bis heute geholfen auf Ruth aufzupassen, aber wenn mein Bein wirklich gebrochen war, würde ich wochenlang hilflos sein, das wusste ich. Als ich daran dachte, kamen mir erneut die Tränen.

Granny machte all diesen Gedanken ein Ende. Sie kam atemlos auf das Feld und sah mich scharf an, woraus ich schließen konnte, dass sie sich ebenfalls Sorgen gemacht hatte. Und dann, ehe sie überhaupt meine Verletzung angesehen hatte, sagte sie kurz angebunden: »Hör auf zu plärren, Mädchen, und danke deinem Schöpfer, dass du noch ganz bist. Eine Überschwemmung mit Salzwasser nützt dem Heu nichts.«

Ich lächelte, wie sie es von mir erwartete. Dann begann sie, meine Verletzung zu untersuchen. Als sie damit fertig war, erklärte sie, mein Bein sei glatt gebrochen, es gebe also keinen Grund, so viel Aufhebens davon zu machen. »Steh nicht da und gaff, William Gordon«, fuhr sie Vater an. »Hilf mir. Ich brauch ein paar gerade Stangen.«

Granny Ross und Vater sorgten für zwei solide Schienen, um mein Bein ruhig zu stellen. Als sie es dann anfassten, um die Schienen anzulegen, dachte ich, ich würde vor Schmerzen ohnmächtig, und Charlie wurde ganz grün im Gesicht. Granny band die Schienen mit derben Stoffstreifen, die sie aus dem Haus mitgebracht hatte, fest. Sie ahnte wohl, wie weh mir das tat. Dann luden sie mich vorsichtig auf eine selbst gebastelte Trage und hoben mich auf den Heuwagen. Ich hatte nicht gewusst, wie sehr der Wagen ruckelte; aber als Vater Star den Berg hinauftrieb, musste Mutter meine Hand ganz fest halten, damit ich nicht laut aufschrie.

Als wir schließlich unser neues Steinhaus erreicht hatten, wurde ich zum Sofa im »Geburtszimmer« getragen. Ich war so froh, endlich ruhig zu liegen, dass ich keine Sekunde lang daran dachte, dass ich wohl etliche Wochen in diesem Zimmer würde verbringen müssen. Freilich, wenn der Unfall ein paar Monate früher passiert wäre, hätte ich in unserer alten Blockhütte gelegen, bei trübem Licht und ohne die Möglichkeit, für mich zu sein.

13

Hamish kam gegen Abend mit dem Arzt zurück.

»Wenn alle so geschickt wären wie Sie, Mrs Ross, würde ich die Hälfte meiner Patienten verlieren«, meinte der Doktor scherzend, nachdem er meine Schienen begutachtet hatte. »Ich denke, ich lass am besten alles, wie es ist.«

Er verabreichte mir eine bittere Medizin, um die Schmerzen zu dämpfen, aber mein verletztes Bein und auch der Rest meines Körpers taten die ganze Nacht weh.

Auch in den nächsten Tagen war mir nicht danach, Hände oder Füße zu bewegen. Ich döste vor mich hin, und jedes Mal, wenn ich aufwachte, saßen Mutter oder Granny neben mir und flößten mir Brühe oder Kalbshaxensülze ein. Trotz der blauen Flecken und dem Schmerz im Bein genoss ich die Fürsorge der Familie. Sogar die kleine Ruth watschelte unablässig ins Zimmer und tätschelte mich mit besorgtem Gesicht, was mir gegen meinen Willen ein Lächeln entlockte.

Dann kam der Doktor wieder. »Jetzt ist aber Schluss mit dem faulen Leben, junge Frau«, sagte er. »Du kannst dich jetzt aufsetzen und mithelfen Erbsen zu palen und Äpfel zu schälen. Du darfst allerdings das Bein unter keinen Umständen belasten, und zwar mindestens einen Monat lang nicht, Elspet. Wenn du es trotzdem tust, kann es durchaus sein, dass du für den Rest deines Lebens hinkst. Verstanden?«

Ich nickte, hocherfreut über die Aussicht, mich aufzusetzen. Aber es gab nicht genug Erbsen zu palen und Äpfel zu schälen. Zwar las ich leidenschaftlich gern, aber obwohl wir mehr Bücher als die meisten Familien besaßen, hatte ich sie alle schon gelesen. Nach der ersten Woche verlangte ich nach Lektüre, die eben nicht aus *Holiday House* oder *The Pickwick Papers* bestand, obgleich ich beide Bücher mochte. Ich hatte auch den kleinen Raum neben dem Wohnzimmer satt. Es war mir zuwider, wie eine riesige Puppe dazusitzen, während die anderen draußen herumlaufen konnten. Als Hamish und Charlie am Ende der Sommerferien in die Stadt zogen, um dort auf die höhere Schule zu gehen, und Hugh täglich zum Schulhaus am anderen Ende der Straße wanderte, packte mich eine wahnsinnige Lust hier herauszukommen.

Ich nehme an, dass ich nur allzu deutlich zeigte, wie mir zumute war, merkte jedoch nicht, wie sehr meine Familie ihrerseits die Nase voll hatte von meiner Herumsitzerei, bis mich Granny eines Tages ins Gebet nahm. »Es ist höchste Zeit, dass du aufhörst, Trübsal zu blasen, und anfängst, etwas zu tun«, sagte sie.

»Was soll ich denn tun?«, maulte ich. »Ich kann mich ja nicht bewegen.«

»Deine Zunge ist tätig genug«, sagte sie scharf. Dann fuhr sie etwas sanfter fort: »Du brauchst Ablenkung, Mädchen. Der *Dominie* (der Schulmeister) sagt uns immer, du könntest eines Tages eine Schriftstellerin wie Miss Austen

15

werden. Wieso schreibst du kein Buch? Du könntest uns abends daraus vorlesen.«

»Ich? Ein Buch schreiben?« Ich traute meinen Ohren nicht.

»Mrs Traill und ihre Schwester müssen früher einmal Mädchen wie du gewesen sein«, sagte Granny ruhig. »Und Jane Austen auch. Ich bin sicher, als sie anfingen Geschichten aufzuschreiben, waren sie nicht älter als du.«

»Worüber sollte ich denn schreiben?«, sagte ich erschrocken und gleichzeitig hingerissen von dieser phantastischen Vorstellung.

»Wie wäre es denn mit deiner eigenen Geschichte?«, sagte sie und überraschte mich aufs Neue. »Du hast schon ganz hübsch was erlebt für ein Mädchen von sechzehn Jahren.«

Sie hatte natürlich Recht. Aber Papier war knapp und teuer und ich würde eine ganze Menge davon brauchen, wenn ich alles aufschriebe.

Granny las meine Gedanken, darin war sie schon immer gut gewesen. Sie verließ den Raum und kam mit einem großen Kontobuch wieder, das früher einmal Grandpa Ross gehört hatte. »Das Ding hier hab ich den ganzen Weg von Glen Buchan hergeschleppt«, sagte sie mit Genugtuung. »Molly hielt mich für verrückt, aber ich hatte so ein Gefühl, dass es eines Tages nützlich sein würde. Dein Großvater starb, bevor er auch nur ein Wort hineinschreiben konnte. Du kannst es für dein Buch benutzen. Und hier schickt dir deine Mutter eine neue Feder, sie glaubt, dass es eine prima Idee ist, wenn du ein Buch schreibst. Sie kommt gleich und sagt es dir selbst; sobald sie mit ihren Haferkuchen fertig ist.«

Es klang, als sei das Ganze bereits eine beschlossene Sache.

»Ich brauch aber auch Tinte«, sagte ich schwach und bohrte meine Blicke in das dicke Buch auf meinen Knien.

Granny zauberte ein mit einem Korken verschlossenes Fläschchen aus der Tasche ihrer Schürze. »Hier ist ein ganzer Topf, extra hergestellt für deinen Vater, damit er seine Buchführung machen kann. Seine letzte Flasche ist erst halb leer. Und jetzt will ich keine Ausreden mehr hören. Du kannst schon mal anfangen, bevor Hugh von der Schule zurückkommt.«

Ich betrachtete diese Reichtümer und fing an über meine eigene Geschichte nachzudenken. Sie war anders als alles, was ich bisher gelesen hatte.

Würde irgendjemand sie hören wollen? Ich würde mit meinen allerersten Erinnerungen an das Leben mit Mam in der Pension der Blacks in Aberdeen beginnen müssen, und Jeanie Mackay würde auch eine wichtige Rolle spielen. Was würde sie dazu sagen, in einem Buch vorzukommen?

Ich schaute schüchtern zu Granny hoch. »Darf ich mich

nur an Sachen halten, die ich sicher weiß? Ich erinnere mich nicht mehr an jedes Wort von damals. Ich war gerade vier, als ich von Aberdeen fortging.«

»Schreib eine gute Geschichte«, sagte Granny Ross. »Und lass nichts weg, bloß weil jemand anderes vielleicht nicht mag, was du sagst, oder es anders in Erinnerung hat. Du brauchst eine Menge kräftiger Farben zu einem guten Quilt, nicht bloß Sonntagsfarben wie Weiß und Rosa.«

Ich wusste, was Granny meinte. Wenn sie einen Quilt fertigte, nähte sie alle möglichen Flicken, Kleiderreste und Stofffetzen zusammen, bis schließlich sogar die dunklen Teile zu einem gefälligen Muster beitrugen. Unsere Kleider waren selten hell und auffällig, da sie einiges aushalten mussten. Aber Granny färbte einige Teile und bleichte andere, um ihren Quilts ein bisschen Abwechslung zu geben. Allerdings konnte ich, selbst wenn sie hafermehlfarbenen Tweed mit Zwiebelschalen in sonniges Gelb umgefärbt oder Beeren dazu verwendet hatte, um ausgebleichtes Rosa in ein dunkles Rot zu ändern, immer sagen, wie das Original vor seiner Verwandlung durch Grannys Farbenzauberei ausgesehen hatte.

Ich werde also nun versuchen, meine Geschichte zusammenzustückeln. Ich möchte sie niederschreiben und sehen, was sie für ein Muster hat. Ich werde wohl auch hie und da ein bisschen Farbe hinzufügen. Es wird kein so schönes Buch werden wie eins von Jane Austen, ich weiß, aber es wird mir gewiss helfen, die langen Stunden erträglicher zu machen.

Das »Geburtszimmer« ist der ideale Ort zum Schreiben. Mein Buch wird das Licht der Welt da erblicken, wo Ruth geboren wurde. Granny war die Hebamme, als das Kind zur Welt kam, und Granny fungiert auch als Hebamme dieser Geschichte.

Ich habe vor, jedes Kapitel sorgfältig zu überdenken, bevor ich es niederschreibe, damit ich nicht so viel durchstreichen muss.

Und hier beginnt nun die Geschichte von Elspet Mary Gordon, die als Elspet Mary Iveson am zweiten Januar 1832 in Aberdeen, Schottland, geboren wurde und dann eine neue Familie fand, mit der sie in ein fernes Land reiste, wo ihr Herz schließlich eine Heimat fand, einen Ort, wo sie hingehörte.

1. Kapitel

Der Tag, an dem Mam nicht nach Hause kam

Bis zu meinem vierten Lebensjahr lebten meine Mam und ich in einer Dachkammer in der Pension der Blacks in Aberdeen. Mrs Blacks kleine Tochter Jemima war genauso alt wie ich und wir waren oft den ganzen Tag zusammen.

An einem regnerischen Nachmittag im November – es war im Jahr 1835 – sagte Mam: »Ich muss los und ein bisschen einkaufen, sonst haben wir nachher nichts zu essen.«

»Darf ich hier bleiben und mit Mima spielen?«, fragte ich. Mit meiner Mutter einzukaufen machte mir keinen Spaß. Sie ging zu schnell. Sie blieb nie stehen, um Regentropfen auf einem eisernen Geländer zu betrachten oder kleinen Kätzchen beim Spielen zuzusehen oder ihr Spiegelbild in einer Pfütze zu studieren. Sie war immer in Eile.

»Ich will mal fragen, ob dich Mrs Black haben will«, antwortete Mam. »Wahrscheinlich bin ich ohne dich auch schneller wieder zurück, Elspet Mary. So eine Trödelliese wie dich gibt's nicht noch mal.«

»Natürlich darf sie bei mir bleiben«, sagte Mrs Black wenig später und strahlte mich an. »Jemima wird hingerissen sein. Sie bettelt schon die ganze Zeit darum, Elspet zum Spielen zu holen.«

Mam lachte und machte sich eilends auf den Weg. Ich habe ihr nicht einmal nachgesehen, als sie ging. Schließlich war ich davon überzeugt, dass sie bald wieder zurück sein würde, und ich wollte keine Sekunde meiner Spielzeit mit Mima verschwenden. Ich ahnte nicht, dass ich sie nie mehr sehen würde.

Mima und ich waren so vertieft – wir spielten Mutter und Kind –, dass ich nicht merkte, wie die Stunden vergingen, bis ich Mrs Black mit besorgter Stimme murmeln hörte: »Oh, ich hoffe bloß, es ist nichts passiert.«

Ich schaute, für einen Augenblick gespannt, zu ihr hinüber. »Kommt Mam jetzt?«, fragte ich.

»Sie muss bald kommen«, sagte Jemimas Mutter, während sie durch die Glasscheibe im Vorderzimmer hinaussah. Ich ging zu ihr hin und stellte mich auf die Zehenspitzen, in der Hoffnung, Mam unten auf der Straße auf das Haus zuhasten zu sehen. Aber sie war weit und breit nicht zu entdecken.

»Elspet«, rief Mima, »komm sofort her, du unartiges Kind, oder du bekommst eine Tracht Prügel.«

Ich rannte zu ihr zurück, denn ich wollte unbedingt fertig

spielen, ehe meine Mutter zurückkam und mich holte. Aber die Dämmerung brach herein und sie war immer noch nicht da. Mir war bereits ein bisschen mulmig, als Mr Black schließlich von seiner Arbeit im Mietstall nach Hause kam.

»Zieh den Mantel nicht aus, Stewart«, sagte Mrs Black. »Du musst los und feststellen, was du über Mrs Iveson erfahren kannst. Sie ist schon seit Stunden überfällig.«

»Kann das nicht warten, bis ich was gegessen hab?«, fragte Mr Black.

»Nein, es kann nicht warten. Ich bin fast wahnsinnig vor Sorge, es könnte ihr was passiert sein. Du brauchst sicher nicht lange um etwas zu erfahren. Sie wollte nur zum Gemüsemann und zum Schlachter.«

Er knurrte vor sich hin und stampfte, müde, wie er war, wieder hinaus in den strömenden Regen. Aus der Tatsache, dass Jemimas Vater ohne einen Bissen wieder wegging, schloss ich, dass irgendetwas ernsthaft nicht stimmte. Ich ließ Mima bei ihrem Spiel zurück und zupfte Mrs Black am Rock. »Wo ist Mam?«, fragte ich und begann zu weinen. »Mam soll kommen.«

Sie gab sich die größte Mühe zu lächeln. »Wenn sie nicht bald kommt, Elspet, dann darfst du heute Nacht hier bei Mima schlafen«, sagte sie. »Und hör auf zu quengeln. Ich bin überzeugt, deine Mutter kommt mit Stewart zurück.«

Ich trocknete mir die Augen und aß brav mein Abendbrot.

Ich war überzeugt, dass Erwachsenen gar nichts passieren konnte, weil sie groß und stark waren. Außerdem war ich aufgeregt, weil ich vielleicht bei Jemima schlafen durfte.

Mrs Black half mir später beim Ausziehen und zog mir eines von Jemimas Nachthemden über den Kopf. Es hing um mich herum wie ein Zelt. Meine Arme verschwanden in den langen Flanellärmeln. Der Saum schleifte auf dem Fußboden. Jemima und ihre Mutter lachten.

»Das muss gehen«, sagte Mrs Black. »Aber ich werde dir etwas um die Hüften binden und die Ärmel umschlagen. Du bist neben unserer Mima ein so kleines, mageres Hühnchen.«

Sie stülpte die Ärmel hoch und raffte das Nachthemd in der Taille durch eine Kordel. Obgleich es nun etwas besser aussah, konnten wir beide, Jemima und ich, nicht aufhören zu kichern.

Ihre Mutter gab jeder von uns einen energischen Klaps auf den Po, um uns zu beruhigen. »Kniet hin zum Beten«, sagte sie und setzte sich selbst auf einen Schemel.

Wir knieten und legten die gefalteten Hände in den Schoß. Dabei hielten wir die Augen sorgfältig voneinander abgewendet. Wir wollten nicht wieder loskichern. Man lachte einfach nicht, wenn man seine Gebete sprach.

»Hör mich, Jesus, freundlicher Hirte
Behüte dein kleines Lamm heut Nacht.«

Dann erbat ich Gottes Segen für Menschen, die ich nicht
kannte, für Mams beste Freundin, ihre Schwägerin Ailsa und
deren Familie, für Onkel Thomas, Onkel Archie, Onkel
Charles und meinen Vater Rolf, der auf See war. Aber besonders bat ich Gott, sich Mams anzunehmen, die irgendwie in
Schwierigkeiten steckte. Ich war mit meiner Liste schneller
fertig als Mima, die endlos brauchte, um all ihre Tanten,
Onkel, Vettern und Kusinen herunterzubeten.

»Hilf mir, brav und lieb zu sein«, schlossen wir. »In Jesu
Namen. Amen.«

Mrs Black steckte uns in Jemimas Bett im Hinterzimmer,
Mima auf die eine Seite, mich auf die andere. Nachdem sie
die Decken festgesteckt hatte, trat sie wieder ans Fenster, um
nach Mr Black Ausschau zu halten.

Jemima schlief sofort ein, aber ich hatte Schwierigkeiten.
Mam sang mir immer etwas vor, ehe ich einschlief, und lag
neben mir in dem großen Bett, in dem wir gemeinsam
schliefen. Ich fühlte mich in dem kleinen Kinderbett be-
engt und außerdem schlief Jemima sehr unruhig und trat
um sich. Trotzdem war ich gerade am Einschlafen, als ich
Mr Blacks Schritte vor der Tür hörte. Wie langsam und
schwer er ging! Mam hätte eigentlich bei ihm sein müssen,

aber das Geräusch ihres leichten Schrittes war nicht zu hören.

Mrs Black stürzte an die Tür, um ihren Mann hereinzulassen. Ich spitzte die Ohren um mitzubekommen, was sie sagten.

»Nun, Stewart?«, flüsterte Mrs Black.

»Mrs Iveson ist tot«, sagte Mr Black ohne Umschweife. »Ein durchgehendes Pferd hat sie niedergetrampelt. Sie ist mit dem Kopf auf einen Pflasterstein gefallen. Als sie sie aufhoben, war sie bereits tot.«

Ich hörte den beiden wie erstarrt zu. Dann erwachte ich aus meiner Benommenheit und begann zu schreien. Mrs Black stürzte an das Bettchen und hob mich auf den Arm. Um Jemima nicht zu wecken trug sie mich schnell ins vordere Zimmer und setzte sich hin und wiegte mich in ihren warmen Armen.

»Ich will Mam«, weinte ich, »ich will meine Mam.«

»Ich weiß, ich weiß. Aber sie kann jetzt nicht kommen. Ruhig, Liebling. Sei ganz still«, murmelte Mrs Black. Sie wiegte mich in ihren Armen hin und her und tätschelte mir den Rücken. Sie versprach mir nicht, dass Mam bald zurückkommen würde, aber als ich wieder im Bett lag und sie die Decke um mich gewickelt hatte, war ich fest davon überzeugt, dass Mam am nächsten Morgen gesund und munter neben mir liegen würde.

2. KAPITEL

Mein Dad kommt nach Hause

Als sie dachte, dass ich eingeschlafen sei, ging Jemimas Mutter wieder ins Vorderzimmer und setzte das Gespräch mit ihrem Mann fort. Die Fetzen, die ich aufschnappte, machten mich hellwach und veranlassten mich, ganz genau zuzuhören.

»Hast du eine Ahnung, wo ihre Verwandten leben?«, fragte Mr Black. »Wer wird sich nur um das Kind kümmern?«

»O Stewart, meinst du, ich könnte das arme Würmchen im Stich lassen? Wir müssen sie natürlich behalten, bis das Schiff ihres Vaters zurückkommt. Er muss dann entscheiden, was zu geschehen hat. Ich könnte das Kind nicht in ein Waisenhaus geben!«

»Unter Umständen kommt er aber erst nach Monaten«, sagte Mr Black langsam. »Ich hab nichts gegen das Kind, aber wir sind keine reichen Leute ...«

»Selbst dann, Stewart, kommen wir zurecht. Das Kind isst

wie ein Spatz. Ich hätte keine Ruhe, wenn sie zu Leuten käme, die sie grausam behandeln. Stell dir vor, es wäre unsere Mima!«

Ich presste die Hände auf die Ohren und flüchtete in den Schlaf. Wenn die Morgensonne schien, würde der Alptraum vorbei sein, dessen war ich ganz sicher.

Aber der Morgen kam und der böse Traum dauerte an. Zunächst rannte ich dauernd zum Fenster und schaute nach Mam aus, aber die Zeit verging und Mam kam nicht wieder. Langsam begann ich mich mit der Wahrheit abzufinden. Mam würde niemals wieder zu mir zurückkommen. Dad war auf See und außerdem hatte ich nur eine ganz dunkle Erinnerung an ihn. Ich begriff, dass ich, Elspet Mary Iveson, noch nicht ganz vier Jahre alt, allein auf der Welt war.

Ich stieg die Treppen zu unserer Dachkammer nie wieder hinauf. Mrs Black war wohl, während wir schliefen, kurz nach oben gegangen um meine Kleider zu holen und das bisschen, was wir besaßen, zusammenzupacken. Sie verwahrte Mams Schildpattkamm, ihre Haarbürste, ihren Spiegel und ihre Amethystbrosche so, dass sie sie jederzeit meinem Vater aushändigen konnte, gab mir aber selbstverständlich mein zweites Kleid und achtete darauf, dass ich es auch trug.

Ein Fassbinder und seine Frau zogen am Tag nach Mams Beerdigung in unser Zimmer ein.

Mr Black meinte, ich solle bei der Beerdigung dabei sein, aber seine Frau war dagegen. »Sie ist noch nicht einmal vier«, sagte sie. »Sie soll ihre Mutter als lebendige, lachende Frau in Erinnerung behalten.«

Aber wenn wir später mit Mrs Black das Haus verließen, zog sie mir ein schwarzes Kleid an, das ich hasste. »Dieses hässliche Ding will ich nicht anziehen«, sagte ich und sah sie feindselig an.

»Du musst Respekt für deine arme Mutter zeigen«, sagte sie entschieden und beendete die Auseinandersetzung mit einem strengen Blick, der klarmachte, dass ich mich ungebührlich benahm. Mam hatte mir nie ein schwarzes Kleid gegeben, sodass ich glaubte, sie würde auch nicht wollen, dass ich eins trug. Aber ich wusste, dass brave Kinder den Erwachsenen nicht widersprachen.

Ich fühlte mich in diesem zu engen Kleid aus zweiter Hand mit seinen langen Ärmeln und dem hohen Kragen nie wohl. Wann immer mir befohlen wurde es zu tragen, kam ich mir wie eine missmutige Krähe vor, bis man mir wieder erlaubte, eines der beiden Kleider anzuziehen, die meine Mutter für mich genäht hatte.

Die Tage wurden zu Wochen; die Blacks halfen mir, so gut sie konnten, besonders Mima. Da wir beide kleine Kinder waren, gefiel es uns natürlich sehr, dass wir jederzeit eine Spielgefährtin parat hatten. Obgleich mir Mam immer noch fehlte, war ich letzten Endes doch zu jung um völlig zu begreifen, dass sie wirklich *für immer* von mir gegangen war.

»Wo ist sie?«, fragte ich zunächst häufig.

»Sie ist im Himmel bei Unserem Herrn«, antwortete dann Mrs Black.

»Ich will sie sehen«, sagte ich hartnäckig.

»Werde eine gute Christin, dann wirst du sie eines Tages sehen«, sagte Mr Black etwas barsch.

Er war ein Mensch, der wusste, was wichtig war. Er machte nie einen Spaß, war immer ernst und bemüht, Jemima und mir *Anstand* beizubringen. Obgleich ich ein bisschen Angst vor ihm hatte, wusste ich, dass auf ihn Verlass war. Wie und wo immer der Himmel sein mochte, ich würde dahin gehen, sobald ich groß genug war, und meine Mam würde dort auf mich warten. Das sagte ich mir jedenfalls immer, wenn der Kummer wie eine riesige Welle über mir zusammenschlug und drohte, mich in die Tiefe zu ziehen.

In der Zwischenzeit lebte ich bei Menschen, die Mam selbst geschätzt, denen sie vertraut hatte. *Das Salz der Erde* hatte sie Mrs und Mr Black genannt. Bei ihnen war ich sicher aufgehoben. »Du bist wie mein eigenes Kind«, sagte Mrs Black oft. »Jemima und ich werden uns ganz verlassen fühlen, wenn dein Dad zurückkommt und dich holt.«

Die Erwähnung meines Dad gab mir ein Gefühl des Unbehagens. Obgleich ich regelmäßig zu Gott betete, er möge

ihn behüten, wusste ich nicht wirklich, wer dieser »Dad«
war. Er fuhr als Bootsmann auf einem Handelsschiff, das
schon seit einem Jahr unterwegs war. Ich empfand inzwischen, dass ich zu Ma und Onkel Stewart gehörte. Sie sagten
oft, Jemima und ich seien wie Zwillinge. Und obgleich Jemima ein kräftiges, rotbackiges Kind war, während ich selbst
klein und blass aussah, wünschte ich inbrünstig, wir wären
wirklich Schwestern.

Dads Schiff kam erst nach fünf Monaten nach Schottland
zurück. Dad war um die halbe Welt gesegelt. Er ging von
Bord, sobald sein Schiff angelegt hatte, und erhielt einen
Brief ausgehändigt, den Mr Black für ihn im Schiffsbüro
hinterlegt hatte. Er ließ sich den Brief vorlesen und erschien
bei uns noch vor Sonnenuntergang.

Jemima und ich waren gerade beim Abendbrot, als er
klopfte. Das Klopfen hörte sich an wie Donnerschläge. Ich
kippte beinahe meine Milchschale um und Jemima kreischte
vor Schreck.

»Beruhige dich, Dummchen«, sagte Mrs Black. Sie stand
vom Tisch auf und ging zur Tür. Mr Black wurde normalerweise erst nach Einbruch der Dunkelheit von der Arbeit
im Mietstall zurückerwartet. Freilich würde niemand, der
uns Böses antun wollte, auf diese Weise an die Tür häm-
mern.

Der Mann, der über die Schwelle trat, war so groß, dass er mit dem Kopf beinahe die Decke streifte.

»Endlich, Elspet. Hier ist dein Dad«, sagte Mrs Black ruhig. Ihre Augen waren feucht und sie klang wie Jemima, wenn sie eine Erkältung hatte. Etwas an dem Mann hatte sie aus der Fassung gebracht. Erschrocken über ihre erstickte Stimme spürte ich in mir Tränen aufsteigen, als mir gleichzeitig klar wurde, was sie tatsächlich gesagt hatte. Der Riese direkt hinter ihr war mein Dad.

Ich betrachtete ihn argwöhnisch. Sein Gesicht war von der Sonne ganz braun gebrannt. Er hatte blondes Haar und seine Augen waren hellblau. Meine eigenen Augen waren von einem grünlichen Braun, eine Farbe, die die Leute als haselnussbraun bezeichneten. Aber mein kurzes, glattes Haar war so flachsfarben wie seines. War er wirklich mein Dad?

Ich überlegte immer noch, als er lächelte und ich seinen goldenen Zahn blitzen sah. Diesen glänzenden Zahn hatte ich früher schon gesehen. Ich lächelte zurück.

»So ist's recht, mein Kind«, sagte er mit seiner tiefen Stimme, an die ich mich sofort erinnerte. Er hob mich hoch, drückte mich und gab mir einen stachligen Kuss.

Ich rieb das Gesicht an seiner Backe und lachte unsicher.

»Sie war gerade zwei Jahre alt, als ich wegfuhr. Jetzt ist sie schon vier. Es ist schwer, sich daran zu gewöhnen«, sagte er mit belegter Stimme.

»Ja, es muss wohl schwer sein«, sagte Mrs Black und putzte sich die Nase.

»Ihre Augen sind genau wie die ihrer Mutter«, sagte er. Dann fuhr er in einem etwas herberen Ton fort: »Für übermorgen hab ich ein Pferd gemietet. Ich bring sie dann zu den Verwandten ihrer Mutter. Ich hab einen Brief schreiben lassen, in dem ich ihnen mitteile, dass wir kommen. Kann sie bis dahin fertig sein? Ich würde gerne ganz früh am Morgen aufbrechen, damit wir noch am gleichen Tag in Glen Buchan ankommen.«

»Natürlich«, sagte Mrs Black langsam. »Es wird eine ziemliche Reise für ein so kleines Mädchen. Sie wird uns fehlen. Es geht alles so schnell.«

»Ich weiß, aber ich hab nur eine Woche, dann muss ich wieder auf See. Ihre Tante Ailsa wird sie lieben. Und Kirstys Bruder William wird sie mit Freude aufnehmen. Er mochte seine Schwester. Das Kind ist doch nicht kränklich, oder? Sie sieht aus, als könnte sie ein Lüftchen umblasen.«

»Machen Sie sich keine Sorgen, Mr Iveson. Sobald sie sich bei ihrer Tante eingelebt hat, wird sie auch kräftiger werden.«

Den ganzen nächsten Tag waren die Blacks und ich traurig. Ich war froh, als es Abend wurde. Am Morgen des folgenden Tages packte Mrs Black meine beiden Kleider und die kleinen Schätze von Mam zu einem kleinen Bündel zusammen.

Dad kam unmittelbar nach Sonnenaufgang. Er wickelte mich in den großen, bunten Schal meiner Mutter, sodass ich selbst wie ein Bündel aussah. Nur mein Gesicht guckte oben heraus. Mrs Black hob mich hoch und drückte mich an sich.

Dad befestigte mein Bündel hinten am Sattel des Pferdes. Dann band er das große graue Tier los und schwang sich auf den breiten Rücken. Das Pferd schüttelte seine schwarze Mähne und schlug mit dem langen schwarzen Schweif.

Ich sah es voller Angst an. Mam war von einem wild gewordenen Pferd getötet worden. Sie war nicht mehr nach Hause gekommen. Vielleicht war es ja genau dieses Pferd gewesen! Vor Angst erstarrt sah ich das Pferd schon die Pflasterstraße hinunterstürmen und Dad ebenfalls in den Tod stürzen.

»Ich bin fertig. Reichen Sie sie herauf«, sagte mein Dad so ruhig, als säße er auf einem Küchenstuhl. Er fasste hinab und Mr Black nahm mich aus dem Arm seiner Frau, hob mich in die Höhe und legte mich meinem Vater in die Arme.

»Auf Wiedersehen, Elspet, mein süßes kleines Spätzchen«, sagte Mrs Black schluchzend.

»Und noch mal vielen Dank«, sagte Dad. »Beweg dich, du alte Mähre.«

Wir machten uns auf den Weg, einem fremden, unbekannten Ort voller Leute entgegen, die mir allesamt Furcht einflößten.

3. Kapitel

Wie ich in Glen Buchan ankam

Als ich mit Dad zusammen Aberdeen verließ, steckten meine Hände in dem Schal, sodass ich nicht winken konnte. Ich weinte auch nicht, kam mir aber winzig klein und verlassen vor. Wenn mich Dad nun fallen ließ? Das Pferd schüttelte und rüttelte mich auf und ab. Es schnob und warf den Kopf hin und her. Es war eigentlich ein sanftes, betagtes Tier, aber ich hatte noch nie zuvor auf einem Pferd gesessen, mir kam es riesig und wild vor.

Tante Ailsa, sagte ich zu mir, Tante Ailsa wird mich mögen.

Mam hatte früher von dieser Tante Ailsa erzählt. Sie hatte dabei gelächelt und mir mehrere beschriebene Bogen gezeigt. »Das ist ein Brief von deiner Tante Ailsa«, hatte sie begeistert gesagt. Ich erinnerte mich daran, weil aus dem Brief etwas herausgefallen war. Ich hatte es aufgehoben und ihr gereicht. »Was ist das?«, hatte ich gefragt. Und Mam hatte sich hingesetzt und die getrockneten Blumen in die

Hand genommen und plötzlich Tränen in den Augen gehabt.

»Es ist ein wildes Stiefmütterchen«, sagte sie mit zitternder Stimme. »Siehst du die drei Farben? Das Weiß bedeutet Liebe, das Blau Erinnerungen und das Gelb Andenken. Ailsa und ich lasen irgendwann ein Buch über die Sprache der Blumen, sodass wir uns gegenseitig geheime Botschaften schicken konnten.«

Fasziniert von diesem ganz anderen Gesicht meiner Mutter stand ich stumm und wartete auf mehr.

»Ailsa und ich waren dick befreundet. Sie war damals elf und ich acht«, fuhr meine Mutter verträumt fort. »In dem Jahr kam ich in die Dorfschule. Man hielt mich für zart und kränklich, weshalb ich ein paar Jahre länger als üblich zu Hause behalten wurde. Aber ich lernte mit Vergnügen. Ich las so gut wie Ailsa und konnte Kopfrechnen, während die älteren Kinder in der Schule die Zahlen immer noch auf ihren Schiefertafeln zusammenzählten. In jenen Jahren liebten wir uns sehr und haben auch viele glückliche Erinnerungen an die Zeit. Andenken – ich glaube, du bist mein Andenken …« Ihre Stimme zitterte plötzlich.

»Was ist …«, begann ich mit gefurchter Stirn.

Mam ballte die Hand zu einer Faust, sodass die getrockneten Blumen zerbröselten. Dann stand sie auf. »Ach, vergiss es«, sagte sie. »Hol deine Mütze. Wir gehen raus.«

Sie hatte das wilde Stiefmütterchen später nie mehr erwähnt. Aber es stammte von Tante Ailsa, zu der wir jetzt auf dem Weg waren.

Dad und ich hatten die große, graue Stadt hinter uns, ehe der Morgen halb vorbei war. Der Tag war dunkel und es blies ein heftiger Wind. Immer wieder prasselten kurze Regenschauer auf uns herab, die dann über die Berge weiterzogen. Wir trotteten über schlammige Landstraßen, vorbei an kleinen, steinigen Äckern und Hecken voll heller Frühlingsblüten. Nach einer Weile schlief ich ein und wachte erst wieder auf, als Dad an einem Gasthaus Halt machte. Er reichte mich zu einem Stallknecht hinunter. »Einen schönen guten Tag, meine Süße«, sagte der Mann und lächelte mich an. Er hatte keine goldenen Zähne. Genau genommen hatte er gar keine Zähne. Aber er sah freundlich aus und ich gab mir die allergrößte Mühe zurückzulächeln.

Dad besorgte uns etwas zu essen. Ich trank einen halben Becher Tee und knabberte ein bisschen an einem Haferkuchen, der mit Heidehonig bestrichen war.

»Du solltest mehr essen«, sagte Dad. »Du lebst nicht lange, wenn du wie ein Spatz isst. Hier, nimm noch ein bisschen.«

Ich schüttelte den Kopf. Mir würde schlecht werden, wenn ich weiteräße. Das hab ich Dad nicht gesagt, aber vielleicht ahnte er es. Jedenfalls drang er nicht weiter in mich.

Ein Küchenmädchen begleitete mich zur Toilette. Sie hob den großen Schal. »Sie haben dich ja zu einem richtigen Paket zusammengeschnürt«, neckte sie mich und half mir mein Kleid in Ordnung zu bringen. Dann wickelte sie den Schal wieder um mich und trug mich zu Dad zurück. »Du bist wirklich federleicht«, sagte sie.

»Es ist Zeit zu gehen, Elspet Mary«, sagte Dad. Er gab dem Mädchen einen Penny.

Als ich das nächste Mal erwachte, befanden wir uns in einer wilden, einsamen Gegend. Ich entdeckte nicht ein einziges Haus, sah jedoch niedrige Hügel, auf denen der Wind das Gras platt gedrückt hatte. Vögel schrien; die Sonne war durch die Wolken gedrungen und färbte sie purpurrot.

»Du sagst ja überhaupt nichts. Kannst du nicht reden?«, sagte Dad.

Für mein Alter sprach ich sehr gut, ließ das aber nicht erkennen. Ich hatte einen dicken Kloß im Hals. Ich sehnte mich zu Mrs Black zurück. Ich gehörte nicht zu Dad. Ich hatte Angst vor ihm. Ich hatte Angst vor dem großen Pferd, auf dem wir saßen. Und außerdem hatte ich Angst vor der hereinbrechenden Nacht. Und obgleich ich in den dicken Schal eingewickelt war, fror ich.

»Schneller, alte Mähre«, sagte Dad. »Meine Elspet friert.« Seine Stimme klang freundlich und er drückte mich kurz.

Ich kuschelte mich unter den Schal, sodass mir der Stoff bis unter die Nase reichte. Dad war so freundlich wie der Mann ohne Zähne. »Jetzt ist mir warm«, sagte ich leise.

Der eisige Wind pfiff um uns herum, die Hufe des Pferdes klapperten auf den Steinen der Straße. Dad hatte mich sicher gar nicht gehört. Aber ich wiederholte nicht, was ich gesagt hatte.

Obwohl mich der starke Arm meines Vaters fest umschlungen hielt, war ich überzeugt, dass er mich nicht so liebte, wie Mam mich geliebt hatte. Auch Mam hatte mich früher oft fest an sich gedrückt. Ich erinnerte mich, wie zärtlich ihr Griff gewesen war.

Dann sah ich den Vollmond am Himmel. Er erhob sich zwischen zwei flachen Bergkuppen, hatte ein rundes, weißes, freundliches Gesicht und schien mir zuzulächeln. Ich versuchte sein Lächeln zu erwidern, aber ich war zu müde.

»Wir sind beinahe da«, sagte Dad. »Das Dorf ist direkt hinter diesen Hügeln.«

Redete er mit mir oder mit dem Pferd? Ich wusste es nicht. Ich lehnte den Kopf zurück, sodass ich den freundlichen Mond beobachten konnte, und gab mir die allergrößte Mühe wach zu bleiben. Aber meine Lider waren so schwer, sie fielen gegen meinen Willen zu. Langsam glitt ich wieder in den Schlaf.

»Brrr!«, rief Dad.

Das Pferd blieb stehen. Ich machte die Augen mit einem Ruck auf. Dad und ich befanden uns auf einer Dorfstraße. Niemand war zu sehen, es musste also spät sein. Die Fenster der eng beieinander stehenden Häuser waren erhellt von den Herdfeuern. Ich schaute mich voller Angst und gleichzeitig neugierig um. Mit Sicherheit war ich noch nie so spät draußen gewesen.

Dann flog die Tür des Häuschens, vor dem wir hielten, auf. Ein Mann und ein großer Junge kamen eilig heraus. Der Mann trug eine Laterne. Er hob sie in die Höhe und schaute in unsere Gesichter.

Ich blinzelte in dem plötzlichen Licht.

»Ja, William Gordon, ich bin es höchstpersönlich. Mit dem Kind«, sagte Dad mit seiner lauten Stimme.

Der Mann gab dem Jungen die Laterne und nahm die Zügel. »Willkommen in Glen Buchan, Rolf. Das hier ist Ailsas Neffe Malcolm Ross. Wir haben nach euch Ausschau gehalten«, sagte er.

Dad sprang mit Schwung aus dem Sattel. Er hielt mich noch immer im Arm.

Der andere Mann lächelte mir zu und berührte meine kalte Wange mit einem warmen Finger. Die Fingerspitze fühlte sich rau an, aber die Berührung war sanft. »So, das ist also Kirstys kleine Elspet Mary«, sagte er. »Die Nachricht vom Tod meiner Schwester hat mich sehr betrübt, Rolf, aber es ist mir eine Freude, endlich ihre Tochter zu Gesicht zu bekommen. Kirsty teilte Ailsa natürlich die Geburt des Kindes mit und gab uns danach noch zwei- oder dreimal Nachricht von sich und der Kleinen.«

»Nun, sie wird eure Elspet Mary sein, wenn ihr sie zu euch nehmen wollt«, sagte Dad. »Ich kann mich nicht um ein Kind kümmern, William. Ich bin Seemann. Das Einzige, womit ich Geld verdienen kann, ist die Seefahrt. Und ich selbst habe keine Verwandtschaft in dieser Gegend.«

»Komm erst mal rein«, sagte der Mann. »Malcolm kann sich um dein Pferd kümmern. Reib es ordentlich ab, Junge.«

Malcolm nickte und führte das Tier weg. Mein Onkel hielt die Laterne hoch, um uns den Weg zu erleuchten. »Am warmen Feuer redet es sich besser. Wenn wir hier draußen herumtrödeln, kommt außerdem Ailsa raus und holt uns. Der Wind ist unangenehm.«

Als wir in den gemütlichen, vom Feuerschein erhellten Raum traten, war die Frau bereits aufgestanden und kam mit ausgestreckten Armen schnell auf uns zu. Dad reichte mich ihr mit einem schwachen Seufzer. Trotz der Spitzenhaube, die sie auf dem Kopf hatte, sah ich, dass ihr Haar feuerrot war. Und sie hatte tiefbraune Augen.

»Mein armes Spätzchen! Ich bin deine Tante Ailsa«, sagte sie voller Hingabe und ließ sich mit mir im Arm auf dem Sofa nieder. Sie drückte mich und begann dann, mich aus dem Schal zu wickeln. Während ihre Hände flink arbeiteten, sprach sie weiter. Ihre Worte hüllten mich ein wie ein anderer warmer Schal. »Du musst ja völlig erschöpft sein. Und sicher hast du auch Hunger. Ich hoffe, dass dein Dad daran gedacht hat, unterwegs zum Essen und Trinken anzuhalten.«

Ich sah meinen Vater an und nickte.

Dad lächelte mir kurz zu, aber er war so erpicht darauf, seine Probleme zu regeln, dass er keine Zeit vertun wollte. Sein Anliegen kam schroff aus ihm heraus. »Ich kann nicht lange bleiben«, sagte er barsch. »Mein Schiff legt in fünf Tagen ab. Ich bin der Bootsmann und muss da sein. Könnt ihr sie behalten? Ich schick euch Geld, wenn ich kann.«

»Natürlich behalten wir sie.« Tante Ailsa hielt mich so zärtlich und fest in den Armen wie Mam. »Wir haben nur die beiden Jungen, Hamish und Charlie. Sie wird mein Mädchen sein, nicht, Elspet? Ich brauch ein kleines Mädchen zum Liebhaben. Sie gehört von nun an zu uns, Rolf. Wir sind ihre Familie. Nicht nur, weil Will Kirstys Bruder ist; wir beide, sie und ich, waren wie Schwestern.«

Malcolm kam leise herein. Er versuchte mich nicht anzustarren, aber er tat es doch. Wer war er eigentlich? Ich war zu müde, um alles zu verstehen, was an diesem Abend gesprochen wurde. Doch als ich älter wurde, dachte ich oft, dass mein neues Leben mit dem langen Ritt durch die Dun-

41

kelheit, mit dem Lächeln des Mondes und Tante Ailsas Liebkosung begonnen hatte. Die sanfte Musik ihrer Worte, die so voller Liebe waren, ging mir zu Herzen und blieb unvergessen: »Sie gehört hierher. Sie gehört zu uns. Wir sind ihre Familie.«

Dies, dachte ich, während ich in einen tiefen, heilenden Schlaf versank, dies muss der Ort sein, an den ich gehöre.

4. Kapitel

Mam und Mutter

Ich schlug die Augen auf und schaute verwundert in dem kleinen, halbdunklen Zimmer herum, in dem ich mich befand. Ich hatte es noch nie zuvor gesehen. Eine alte Frau, mit einem Gesicht wie eine Walnuss unter ihrer weißen Haube, saß neben dem hohen Fenster in einem Schaukelstuhl. Sie war damit beschäftigt, einen ausgefransten Riss im Knie einer Jungenhose zu flicken. Einen Augenblick lang merkte sie nicht, dass ich aufgewacht war.

Als sie entdeckte, dass ich sie anstarrte, nickte sie kurz mit dem Kopf. »Nun, Mädchen, bist du endlich wieder unter den Lebenden?«, sagte sie. Ihre Stimme klang energisch, hatte aber entschieden etwas Freundliches. »Ich bin Granny Ross. Ich kannte deine Mam, als sie so groß war wie du.«

»Meine Mam?«, wiederholte ich und sah sie jetzt verwundert an.

Die alte Frau nickte wieder. »Sie war leichtsinnig und ein Hühnchen wie du, aber sie konnte die Vögel im Baum bezirzen. Du hast nicht ihr schwarzes Haar, aber du hast mit Sicherheit ihre Augen. Alle Gordons haben diese haselnussfarbenen Augen. Hast du Hunger, mein Hühnchen?«

Ich blinkerte mir den Schlaf aus den Augen, gähnte und setzte mich hoch. »Bist du meine Granny?«, fragte ich zögernd und verschob den Gedanken an Frühstück noch ein bisschen.

»Die Mutter deines Dad starb, glaube ich, als er noch ein Säugling war. Die Mutter deiner Mutter und von Onkel Will lebt fünf Meilen entfernt von hier. Aber ich vermute, dass auch du Granny zu mir *sagen* wirst wie alle anderen hier im Haus. Ich bin die Mutter deiner Tante Ailsa und ich wohne und lebe bei ihr, so wie du in Zukunft auch bei ihr leben wirst. Ich geh mal eben und sag ihr, dass du wach bist. Möchtest du eine Schale Haferbrei? Damit du ein bisschen Fleisch auf die Rippen kriegst.«

Ich grinste. Meine Mutter hatte das auch immer gesagt, wenn es Haferbrei gab. Ich wusste, dass er die Leere in meinem Magen füllen würde. »Ja, bitte, Granny«, sagte ich schüchtern und sprang aus dem Bett.

Granny Ross und ich waren von diesem Augenblick an feste Freunde. Vielleicht hatte es damit zu tun, dass ich mich, klein, wie ich war, als nützlich im Haushalt erwies, vielleicht aber auch damit, dass wir beide von außen in den Gordon'schen Haushalt gekommen waren.

Als ihr Mann, der Dorfschulmeister, vor zwei Jahren gestorben war, hatte Granny Ross aus dem Häuschen ausziehen müssen, das zur Schule gehörte, und war zu ihrer jüngsten Tochter Ailsa, deren Mann und Kindern gezogen. Und da ihr eigenes Leben vor nicht allzu langer Zeit völlig durcheinander geraten war, verstand Granny Ross am besten, wie mir während der ersten paar Wochen bei den Gordons zumute war. Sie half mir, alle meine neuen Verwandten irgendwo einzuordnen, und kam mir auch zu Hilfe, wenn ich mich unter so vielen Fremden verloren fühlte.

Es war nicht leicht, sich in das neue Leben einzufügen. Hamish, der gerade sieben geworden war, und Charlie mit seinen fünfeinhalb Jahren barsten geradezu vor Energie und hatten nur Unfug im Kopf. Ich beäugte sie mit Schrecken und Faszination. Mima Blacks Zauber verblasste vor dieser Robustheit und Energie. Mima und ich schienen so gesittet gewesen zu sein im Vergleich mit ihnen. Ich war das Ein und Alles meiner Mutter gewesen und sie hatte mich mehr als ein bisschen verwöhnt. Obendrein hatte sie nie einen Grund gesehen, mich mit Jungen in Kontakt zu bringen.

Mam hatte zwar viel Liebe, aber wenig Geld gehabt, und so war ich es auch nicht gewohnt, über viele Süßigkeiten oder Spielsachen zu verfügen. Was die Gordonkinder in ihrem beengten Häuschen hatten, kam mir vor wie ein ungeahnter Reichtum.

45

Ich nannte die alte Frau ohne Schwierigkeiten Granny, aber es war für mich nicht leicht, immer daran zu denken, »Tante Ailsa« zu sagen, weil Charlie und Hamish sie natürlich »Mutter« nannten.

»Du, Elspet, hör endlich auf, ›Tante Ailsa‹ zu sagen«, fuhr Hamish mich eines Tages an. Es klang sehr erwachsen. »Sie ist unsere Mutter. Stimmt doch, Mutter? Jetzt, wo ihre Mam tot ist, bist du doch auch ihre Mutter, oder etwa nicht?«

Tante Ailsa lächelte zu mir herab. Sogar ihre Augen lächelten. »Das hat Elspet zu entscheiden«, sagte sie sanft. »Möchtest du, dass Hamish und Charlie deine Brüder und nicht bloß deine Vettern sind, mein Mäuschen?«

»Ein Pferd hat meine Mam getötet«, sagte ich voller Wichtigkeit zu meinem neuen Bruder. »Ein riesiges, graues Pferd mit einem schwarzen Schweif.«

Tante Ailsa war ein bisschen überrascht, aber sie fuhr ruhig fort: »Sie kam bei einem Unfall um, das stimmt. Dass das Pferd grau gewesen sein soll, hab ich bisher nie gehört. Aber, Elspet, wir haben gerade darüber geredet, wie du mich ansprechen sollst. Vielleicht möchtest du Mutter sagen wie die beiden Jungen? Deine Mam war meine Freundin, ich glaube, sie hätte nichts dagegen. Ich wäre so gern deine Mutter, nun, wo Kirsty nicht mehr lebt und sich um dich kümmern kann.«

Tante Ailsa hörte auf zu reden und wartete.

»Mutter«, sagte ich versuchsweise vor mich hin. »Mutter.«
»Ja, mein Herz«, sagte Tante Ailsa, zu der ich von nun an Mutter sagte. Sie strich mir zärtlich über den Kopf. »So ist es recht.«

Ich war ohne Zutun zu einer Granny gekommen und besaß, wie man mir gesagt hatte, eine zweite Großmutter ein paar Meilen von hier; und nun war ich auch neugierig auf sie.

Großvater und Großmutter Gordon wohnten knapp fünf Meilen entfernt hinter den Bergen. Ich bat darum, sie besuchen zu dürfen, aber zunächst achtete niemand auf meinen Wunsch. Schließlich, als Mutter glaubte, ich hätte mich ganz und gar eingelebt, nahm sie mich zu einem Antrittsbesuch mit, wie sie es nannte. Wir fuhren eines Sonntags nach dem Mittagessen los, und zwar in der zweirädrigen Kutsche, die Tante Molly, der Schwester meiner Mutter, gehörte.

Während das Pony auf der staubigen Straße dahintrabte, versuchte Mutter mich auf den Besuch vorzubereiten. »Deine Großeltern Gordon sind ältlich und nicht mehr an Kinder gewöhnt«, sagte sie. Sie wählte ihre Worte sorgfältig. »Sie mögen dir ein bisschen ... na ja, steif vorkommen. Ganz egal was geschieht, benimm dich stets, wie sich's gehört, Elspet Mary. Mach deiner Mam Ehre.«

Das hätte mir zu denken geben können, aber ich hörte nur halb zu. Hamish hatte mich vorgewarnt, dass ich die Großeltern vielleicht nicht mögen würde. Aber das war mir egal. Es war aufregend, allein mit Mutter im Ponywagen einen Ausflug zu machen. Ich würde noch früh genug feststellen, was für Leute meine Großeltern waren. Jetzt sang ich vor mich hin:

»Ich hatte ein kleines Pony,
Ich nannte es Grauer Scheck,
Ich lieh es einer Dame,
Die ausritt, nicht weit weg.
Sie gab dem Tier die Peitsche,
Ritt über Stock und Stein.
Mein Pony, mein kleines Pony,
Das werd ich nie mehr verleihn.«

Ich hatte mich, als das Lied zu Ende war, wieder ganz gefangen. Schließlich fragte ich: »Warum hat sie ihm die Peitsche gegeben?«

»Ich weiß es nicht, mein Mäuschen«, sagte Mutter. »Aber sie hätte nicht so grausam sein sollen. Da vorne auf dem Hügel ist das Haus deines Großvaters.«

Ich schaute hinauf zu dem dunklen Haus, aus dem kein Laut kam, und fühlte mich zum ersten Mal unbehaglich. Ich drückte mich enger an Mutter. »Vielleicht mögen sie mich nicht«, flüsterte ich.

»Ob sie dich mögen oder nicht, sieh zu, dass du dich gebührlich benimmst«, begann sie, dann legte sie den Arm um mich und drückte mich. Die Zügel hielt sie mit der linken Hand. »Wir lieben dich, Elspet. Wenn die Gordons nicht sehen, was für ein süßes Kind du bist, sind sie selbst schuld. Und nun Kopf hoch. Wir wollen den Besuch hinter uns bringen. Denk dran, sie sind alt und sie liebten deine Mutter, als sie so klein war wie du.«

»Ja, Mutter«, sagte ich, so standhaft ich konnte. Ich lächelte zu ihr hoch und dachte, sie würde ebenfalls lächeln.

Als aber von ihr keine Reaktion kam, wurde mir bewusst, dass ich Angst hatte, genau wie Hamish.

5. Kapitel

Sie ist nicht wie wir

———

Während wir von dem Ponywagen stiegen, musste ich daran denken, was Hamish gesagt hatte. »Wenn ich ihn sehe, krieg ich eine Gänsehaut«, hatte mir mein Stiefbruder anvertraut, nachdem er sich sorgfältig vergewissert hatte, dass ihn niemand hören konnte. »Er redet unablässig vom Höllenfeuer und zitiert die Bibel.«

»Granny Ross zitiert auch die Bibel«, hatte ich geantwortet.

»Nicht wie Großvater. Er lässt nur Bibelsprüche ab über Sünder, die bestraft werden müssen. Und dabei sieht er mich an, als könnte er direkt in meine schwarze Seele sehen.«

Ich hatte lachen wollen, aber Hamish hatte keinen Witz gemacht. Ich selbst hatte oft gezittert bei dem Gedanken an das ewige Feuer, von dem der Pfarrer behauptete, es verbrenne die Seelen in der Hölle. Mam hatte mit mir nie darüber geredet, aber Onkel Stewart hatte mir und Mima gedroht, wir würden bis in alle Ewigkeit in der Hölle schmoren, wenn wir nicht brav wären. Mutter hingegen redete freundlich von einem Gott, der seine Kinder liebte und ihnen vergab. Ich hatte schließlich mein Vertrauen in Mutters Gott gesetzt. Die Angst überfiel mich aber immer wieder, sobald die Kerze abends gelöscht war und ich allein in der Dunkelheit lag.

Jetzt, im hellen Tageslicht, konnten mir Bilder vom Höllenfeuer nichts anhaben. Ich schüttelte meine törichte Angst ab. Schließlich wollte ich diese merkwürdigen Verwandten ja kennen lernen. Außerdem war ich neugierig auf einen Großvater, der einem großen Jungen wie Hamish einen solchen Schreck einjagen konnte. Und Mutter hielt meine Hand. Was sollte mir da denn passieren?

Wenn wir jemanden im Dorf besuchten, riefen wir von draußen und gingen dann ins Haus ohne anzuklopfen; wir wussten, dass wir willkommen waren. Als Mutter und ich jedoch am Ende der steilen Treppe angekommen waren, betätigte sie den Klopfer und wartete.

Ein Hausmädchen öffnete. Sie strahlte, als sie Mutter sah.

»Guten Tag, Sarah. Wie geht es deiner Mam?«, fragte meine Mutter.

»Mam ist wieder auf und freut sich wie ein Schneekönig, dass sie endlich einen Jungen hat«, sagte das Mädchen mit einem Lächeln. »Sie haben ihn nach Ihrem Mann Will getauft. Mein Vater ist stolz wie ein Hund mit zwei Schwänzen.«

Meine Mutter lachte. Ich versuchte mir Shep mit zwei Schwänzen vorzustellen, es wollte mir jedoch nicht so recht gelingen.

Die Stimme einer alten Frau rief scharf: »Sarah!«

»Kommen Sie herein, Ma'am«, sagte Sarah schnell. »Ich soll Sie in das vordere Wohnzimmer führen.«

»Dies hier ist unsere Elspet, Sarah«, sagte Mutter, indem sie mich vor sich her in den großen Flur bugsierte. »Miss Kirstys kleines Mädchen.«

Sarah schenkte mir ein nervöses Lächeln, sagte aber kein weiteres Wort. Mutter und ich wurden in ein schrecklich steifes Wohnzimmer geführt. Die Tische waren so blank geputzt, dass man hätte glauben können, sie seien nagelneu. Die gestärkten Deckchen auf den Rücken und Armlehnen der Stühle strahlten schneeweiß. Das Haus, das nicht nur ein oberes Stockwerk, sondern auch ein Dachgeschoss hatte, kam mir riesig vor. Aber es war zugig und nichts vermittelte das Gefühl von Heimeligkeit. Sogar das Feuer in dem offenen Kamin glühte nur schwach vor sich hin.

Niemand befand sich im Zimmer. Mutter ging auf zwei Stühle zu, die nebeneinander standen. Wir setzten uns hin. Ich hatte eine Menge Fragen, die ich gern gestellt hätte, aber dies schien mir nicht der richtige Zeitpunkt zu sein.

Schließlich kam Großvater Gordon in das Zimmer marschiert. Er bellte einen Gruß in Richtung Mutter und setzte sich in einen Armstuhl, der so stand, dass er mich nicht sehen konnte.

Ich schoss Mutter einen Blick zu und sie lächelte aufmunternd, sodass ich meinen ganzen Mut zusammennahm und sagte: »Guten Tag, Großvater.«

Er drehte sich nicht um, er gab keine Antwort. Während der ganzen Zeit unseres Besuchs schaute mich mein Großvater kein einziges Mal an. Er schien nicht einmal zur Kenntnis zu nehmen, dass ich im Haus war.

So viel Unhöflichkeit reizte mich. Ich starrte feindselig auf seinen Rücken, als meine Großmutter ins Zimmer gerauscht kam. Sie trug ein schwarzes Seidenkleid und ihre Spitzenhaube war kostbarer als die Sonntagshaube von Granny Ross. »Ailsa, wie schön ...«, flötete sie mit zittriger Stimme.

Ich dachte erst, sie würde mich genauso wenig zur Kenntnis nehmen wie Großvater Gordon, aber sie sandte dann doch ein nervöses Lächeln in Richtung des Stuhles, auf dem ich saß. Nach einem Augenblick des Zögerns murmelte sie sogar: »Guten Tag, mein Kind.«

»Guten Tag, Großmutter«, antwortete ich höflich. Dann glitt ich von dem harten, zu hohen Stuhl, ging zu Mutter und lehnte mich gegen ihr Knie. Obwohl Großmutter mit mir redete, schaute auch sie mir nicht direkt ins Gesicht. Ich fragte mich, was wohl mit den Großeltern Gordon los war.

Sie ist ein bisschen wie eine unserer Hennen, dachte ich. Eine eingeschüchterte, dumme Henne. Sie flatterte während des ganzen Besuches um uns herum und redete mit Mutter in einem nervösen, beinahe geflüsterten Tonfall. »Mr Gordon hat heute keinen guten Tag«, sagte sie. »Er sieht deine Jungen gern, aber Kirsty hat er nie verziehen. Das hat er einfach nicht geschafft.«

»Wenn Kirsty der Vergebung bedurft hätte, dann hätt ihr der Herr schon lange vergeben«, sagte Mutter laut. »Ich hab dir deine Enkelin Elspet Mary mitgebracht. Sicher möchtest du sie gern kennen lernen.«

Großmutter zerknitterte ihr Taschentuch, bis es wie ein kleiner feuchter Ball aussah. Ihr Gesicht verfärbte sich zu einem matten Rot. Sie nagte an ihren Lippen.

»Kirsty war ein schlechtes Mädchen und hat uns viel Kummer bereitet«, sagte sie nach einer langen, quälenden Pause. »Wir haben sie gewarnt ...«

»Elspets Mutter ist tot«, sagte meine Mutter und legte den Arm um mich. »Es ist an der Zeit, die Vergangenheit zu vergessen, Mutter Gordon. Kirsty war vielleicht leichtsinnig, aber schlecht war sie nicht.«

Großvater Gordon schnaubte ärgerlich, drehte sich aber nicht um und sagte auch nichts. Großmutter Gordon fuhr zusammen wie ein aufgescheuchtes Reh und schwatzte weiter. Was sie nun sagte, leierte sie in einem Singsangton herunter, als habe sie es auswendig gelernt und Angst es zu vergessen. »Mr Gordon meint, das Mädchen gehöre zu den Verwandten ihres Vaters. Das sagte er schon damals zu William. Die Ivesons müssten die Last der Verantwortung tragen. Es besteht ja kein Zweifel, dass sie nach ihnen kommt. Dieses Haar zum Beispiel: Es ist so blond, fast weiß. Heidnisch sieht es aus. Sie ist nicht wie wir, Ailsa. Nicht das geringste bisschen. Keiner von uns hat solches Haar.«

Ich sah, wie Mutters Mund fest wurde. Sie schaute Großmutter Gordon lange an ohne zu antworten, presste nur den Arm fester um meine Schultern. Dann seufzte sie und sagte ruhig: »Elspet hat Kirstys Augen, Mutter Gordon. Siehst du das nicht?«

Jetzt vergrub meine arme Großmutter Gordon das Gesicht in den Händen und fing an zu weinen.

Mutter schob mich zur Seite und ging zu ihr hinüber, blieb neben ihr stehen und tätschelte die bebenden Schultern der alten Dame. »Elspet Mary, geh inzwischen nach draußen«, sagte sie ruhig zu mir. »Du kannst bis zum Abendessen im Garten spielen. Ich ruf dich dann.«

Ich ging mit steifem Rücken und hoch erhobenem Kopf hinaus. Sarah war im Flur. Ich wusste sofort, dass sie gelauscht hatte, und sie wusste, dass ich es wusste.

Sie grinste mich an, als seien wir gleich alt. »Folg mir, Kleine«, flüsterte sie. »Kennst du Maggie MacTavish?«

55

Ich nickte. Maggie lebte im Dorf und war genauso alt wie ich.

»Sie ist meine Kusine«, sagte Sarah mit einem breiten Lächeln. »Hier geht's raus. Bestell unserer Maggie Grüße.«

Ich nickte. Dann lief ich die Treppe hinunter in den Garten. Obwohl alle sagten, ich sei sehr weit für mein Alter, wurde ich im Januar doch erst fünf. Draußen war es einsam und es schien nichts zu geben, was ein Kind allein tun konnte. Die Blumenbeete sahen so streng aus, dass ich nicht wagte, auch nur eine Blume zu pflücken. Schließlich fand ich eine Steinbank. Ich setzte mich brav hin und erzählte mir selbst eine von Granny Ross' Geschichten.

Nur zu viele dieser Geschichten handelten von Waisenkindern, von Kindern, die in Booten aus Weidengeflecht ausgesetzt wurden, von hässlichen kleinen Wechselbälgern, die sich an Stelle der richtigen Kinder im Haus einnisteten, von Königstöchtern, die als Gänsehirtinnen leben mussten. Keines dieser Kinder schien da zu sein, wo es hingehörte.

Großmutter Gordons Bemerkungen, ich sei nicht wie die Gordons und mein Haar sähe »heidnisch« aus, kamen mir in den Sinn und setzten sich in mir fest wie Kletten. Doch ich hatte an diesem Nachmittag noch keine Vorstellung, wie sehr mich ihre wirren, unglücklichen Worte noch verfolgen würden. Ich wollte bloß nach Hause.

»Elspet, komm zum Essen«, rief Mutter schließlich.

Ich ging ein bisschen steif vom langen Sitzen auf sie zu. Sie fasste mein kaltes Gesicht an und bückte sich dann, um mir einen Kuss zu geben. »Wir gehen nach Hause, sobald ich hier loskomme«, flüsterte sie.

Der Tee und der Gewürzkuchen waren gut. Aber noch besser war, dass Großvater Gordon allein in einem anderen Zimmer aß. Und doch schaffte er es, obgleich er gar nicht dabei war, einen dunklen Schatten auf unser Beisammensein zu werfen. Wir aßen ohne ein einziges Wort.

Auf dem Rückweg nach Glen Buchan versuchte Mutter die Kälte meines Großvaters zu bemänteln, indem sie mir erklärte, er habe seit eh und je Jungen lieber gemocht als Mädchen. Aber sie fing bald an zu stottern und gab auf.

Sie konnte mir nichts vormachen. Ich begriff deutlich, dass seine Haltung etwas damit zu tun hatte, dass meine Mam meinen Dad geheiratet hatte. Aber was immer geschehen sein mochte, ich wusste, dass meine Mam gut und liebevoll gewesen war, und ich war auf ihrer Seite.

Wir besuchten die beiden Gordons zwei Monate später noch einmal. Nichts hatte sich geändert. Wir sahen Großvater diesmal nicht einmal. Später hörte ich, wie Mutter zu Onkel William sagte, sie würde nie mehr mit mir zu den beiden gehen, wenn er und die Jungen nicht mitkämen.

»Er steht sich selbst am meisten im Wege, Ailsa«, sagte

Onkel William mit einem Seufzer. »Er hat Kirsty nie verziehen. Er ist ein stolzer Mann.«

»Grausam und stur kommt der Sache näher, William«, antwortete Mutter schlagfertig. »*Ich* wäre auch davongelaufen aus diesem trostlosen Haus. Ich weiß nicht, wie du und deine Brüder das ertragen habt.«

»Es war früher anders. Außerdem glaubt er, dass er irgendwie an Kirstys Tod schuld ist. Meine Mutter kann nichts tun, um ihm zu helfen.«

Mir tat mein Großvater danach ein bisschen Leid, auch wenn ich nicht richtig kapierte, was eigentlich geschehen war. Aber ich war froh, dass mir Besuche in dem kalten Haus fortan erspart blieben.

»Du hast's gut«, sagten Charlie und Hamish jedes Mal, wenn sie abgeschrubbt und für einen Besuch zum sonntäglichen Mittagessen bei den Großeltern Gordon angezogen wurden.

»Ich weiß«, sagte ich dann.

Obgleich ich mich schnell in die Familie der Gordons eingelebt hatte und mich darin bewegte, als sei ich ihr eigenes Kind, litt ich doch immer wieder unter großer Einsamkeit. Wenn wir in die Kirche gingen, setzte mich Granny neben sich auf die harte Kirchenbank, und wenn mich ein Kitzeln im Hals überkam, steckte sie mir ein Pfefferminzbonbon zum Lutschen zu. Der Gottesdienst war endlos und langweilig und wir mussten aufrecht sitzen und zuhören; deshalb kitzelte es mich häufig im Hals. Der Pfarrer wetterte vom Höllenfeuer. Ich hörte nicht richtig zu, machte aber ein feierliches Gesicht und wiederholte still für mich die Worte des Psalms, den uns Granny jede Woche auswendig lernen ließ. Wer konnte schon Kummer haben, wenn er hörte: »Die Wasserströme frohlocken und die Berge seien fröhlich vor dem Herrn.«

Wenn ich nachts aufwachte, lag ich in einem Rollbettchen neben dem großen Himmelbett und wusste oft nicht, wo ich war. Sobald ich zu wimmern begann, schloss mich Mutter in ihre warmen Arme und drückte mich an sich. Sie trug zwar eine Nachthaube, aber ihr Haar hing in einem langen, hellen Zopf über den Rücken. »Hast du schlecht geträumt, mein Schätzchen?«, fragte sie dann.

Ich nickte, obgleich ich nicht sicher war. Vielleicht war es ja ein Traum gewesen, der mich geweckt hatte. »Da war ein graues Pferd«, begann ich regelmäßig, aber das Einzige, dessen ich mir sicher war, war ein Gefühl der Verlorenheit in meinem Inneren. Und Mutter verscheuchte diese Leere dann immer mit einem Lied.

Reite auf einem Schaukelpferd,
Reite nach Bunbury Cross.

Eine vornehme Dame siehst du dort
Auf einem weißen Ross
Mit Ringen, die sie an den Fingern trägt,
Mit Schellen an den Füßen.
Wo immer sie geht,
Wo immer sie steht,
Kann sie Musik genießen.

Schnell wurde das riesige Pferd aus meinen bösen Träumen zu einem weißen Ross mit Glöckchen am Geschirr. Es galoppierte mit mir auf dem Rücken über die schottischen Moore. Während ich dahinritt, klangen die Glöckchen, und mein Pferd und ich schwebten mühelos durch das Zauberland, von dem Grannys Märchen erzählten. Dann sang Mutter noch ein Lied und dabei glitt ich in einen tiefen, ruhigen Schlaf.

Sie ist nicht wie wir, hatte Großmutter Gordon gesagt, aber Mutter gelang es beinahe, diese Worte aus meinem Gedächtnis zu tilgen. Sie erzählte mir immer wieder, dass ich nicht nur wie die Gordons sei, sondern zu ihnen gehöre. Doch tief in einem Winkel meines Herzens hatten die grausamen Worte immer noch die Kraft, mich zu verletzen.

6. Kapitel

Kanada?

———————

Ich lebte mich sehr schnell ein und benahm mich, als sei ich schon immer Ailsa und William Gordons jüngstes Kind gewesen. Jemima Black und ihre Mutter verblassten und rückten in den verschwommenen Bereich meiner ersten Erinnerungen.

Kirsty Gordon, meine Mam, wurde jedoch immer realer, und zwar in dem Maße, wie mir die Familie in Glen Buchan Geschichten über sie erzählte, als sie noch ein glückliches, zu Streichen aufgelegtes Kind war. Mutter sang die Lieder, die Mam vor langer Zeit gesungen hatte, und zeigte mir die Stiefmütterchen.

Ich hatte nicht nur neue Eltern und zwei ältere Brüder, sondern eine Menge Tanten, Onkel, Vettern und Kusinen bekommen. Am liebsten mochte ich Malcolm, den Sohn meiner Tante Molly, der am ersten Abend da gewesen war, als ich mit Dad ankam. Tante Molly war oft krank, und so verbrachte Malcolm häufig mehrere Tage bei den Gordons.

Manchmal kam es mir vor, als sei er der älteste der Gordon-Jungen und nicht Tante Mollys jüngster Sohn.

Er war zwölf, als ich in die Familie kam, und viel geduldiger mit mir als Hamish. Er baute mir ein Holzboot, das ich im Bach schwimmen lassen konnte, und schnitzte mir eine ulkige Puppe mit einem platten Gesicht. Eines Tages, als wir zusammen am Bach saßen und den Elritzen zusahen, wie sie im Wasser hin und her flitzten, fing er von Mam an.

»Deine Mam war schön«, sagte er. Er sah zu den beiden Jungen hinüber, die in der Nähe spielten, und redete daher leise. »Ich dachte immer, sie sei die schönste Frau der Welt. Sie lachte die ganze Zeit und war stets zu Späßen aufgelegt. Und sie sang ... wie eine Lerche.«

Ich saß ganz still da. »Ich erinnere mich«, flüsterte ich dann. Und einen flüchtigen Augenblick lang hörte ich sie tatsächlich singen, als habe sie mich nie verlassen.

Malcolm sah die plötzliche Sehnsucht in meinem Gesicht, legte den Arm um mich und drückte mich tröstend, wenn auch unbeholfen. »Tante Ailsa singt die gleichen Lieder«, sagte er freundlich. »Sie liebt dich, als wärst du ihre eigene Tochter. Du musst nicht traurig sein, Elspet. Du gehörst jetzt zu uns.«

Ich lehnte mich an ihn und wartete, bis meine Sehnsucht nach Mam verflogen war.

Als ich gerade sechseinhalb war, erfuhren wir, dass das Schiff meines Vaters auf See verschollen war. Im Falle seines Todes, so hatte er verfügt, wünschte er, dass ich von seinem Schwager William Gordon adoptiert würde.

Man brachte mir sehr schonend bei, dass Dad vermutlich ertrunken war. Ich gab mir Mühe, Trauer zu empfinden für einen Vater, an den ich mich nur schwach erinnern konnte, und es gelang mir nicht, ihn wirklich vor meinen Augen lebendig werden zu lassen. Ich hatte jetzt einen anderen Vater – ich sagte schon lange Vater zu Onkel Will – und eine Familie, zu der ich gehörte.

Und Mutter erwartete ein weiteres Kind. »Vielleicht wird es ein Mädchen«, sagte sie. »Dann hast du eine Schwester, Elspet.«

Ich sagte ihr nicht, dass ich keine Schwester wollte. Ich war »das Mäuschen« und »mein wonniges Kleines«. Ich kam mir als etwas Besonderes vor. Hamish hatte mir erzählt, dass früher noch zwei andere Kinder da gewesen seien. Die seien beide gestorben. Sie waren noch ganz klein, sagte er, noch nicht groß genug zum Sprechen. Sie hatten Diphtherie bekommen. Eins davon war ein Mädchen gewesen, das wie Großmutter Gordon Fiona hieß, und das andere ein Junge namens Robbie.

»Wir mussten damals bei Großvater und Großmutter Gordon bleiben und durften tagelang nicht nach Hause«, sagte Hamish. »Und bis du gekommen bist, war Mutter fürchterlich ruhig und traurig.«

Das neue Kind, Hugh, kam im Spätherbst zur Welt. Mutter und Vater tauften ihn Andrew Hugh, aber alle nannten ihn von Anfang an nur Hugh. Ich liebte ihn heiß und innig. Ich hätte ihm Sonne, Mond und Sterne geschenkt, wenn er danach verlangt hätte. Aber er war ein zufriedenes Kind, das nie nach dem Mond schrie.

»Ich mag euch alle gleich gern«, sagte Mutter manchmal zu uns älteren Kindern, »aber Hugh ist das schönste Baby der Welt, das steht außer Frage.«

Dann begann Vater eines Abends beim Essen von einem Mann zu erzählen, der in der Mühle erschienen war und den Männern von einem Leben berichtet hatte, das sie im südlichen Kanada führen könnten. Dieser Mr Fergusson und sein Freund James Webster hatten die Absicht, ein Schiff mit schottischen Siedlern zu finanzieren, die Land urbar machen sollten, das in der Umgebung eines Ortes namens Toronto lag.

Mutter und Granny zeigten ein gewisses Interesse. Wir Kinder hörten nicht wirklich zu. Wir freuten uns auf den Jahreswechsel, der vor der Tür stand. Das südliche Kanada besaß für uns keine Realität.

Während sich jedoch der Winter dahinzog, kam Vater wiederholt auf Mr Fergusson und seinen Plan zu sprechen.

64

Er las ein Buch, das der Mann geschrieben hatte, in dem alles Wissenswerte über Parzellierung und Landnahme stand. Schließlich, Ende Februar, schockierte Vater uns alle mit der Ankündigung, dass er und Onkel Thomas, sein jüngster Bruder, die Absicht hätten, eine Passage auf Mr Fergussons Schiff zu buchen.

Charlie und ich waren damit beschäftigt, unseren alten Hund Shep unter dem Tisch zu füttern. Wir mussten sehr aufpassen, dass uns Vater nicht dabei erwischte, weil Shep, ein Collie, ein Hofhund sein sollte und Vater nicht wollte, dass wir ihn zu einem verwöhnten Haushund machten.

Aber Hamish achtete nicht auf Shep. »Meinst du, wir würden da richtig leben?«, fragte er mit leuchtenden Augen.

»Bis jetzt sprechen wir das Ganze erst durch«, sagte Vater. »Aber man kriegt dort eigenes Land für fast nichts. Thomas und ich wollen erst mal sehen, ob das, was wir über das Land gehört haben, stimmt. Man muss das Land natürlich roden und sich eine Hütte zum Leben bauen. Deine Mutter wäre bereit nachzukommen, sobald wir uns auf einem Stück Land etabliert und eine Blockhütte für uns gebaut haben. Sie ist eine wackere Frau, deine Mutter.«

»Ihr seid übergeschnappt, dass ihr überhaupt von so einem Unternehmen redet«, bemerkte Granny Ross ungnädig. »Ich kann es nicht glauben. Ailsa muss den Verstand verloren haben, diesem Geschwätz überhaupt zuzuhören.«

»Bisher ist noch nichts entschieden, Mutter Ross«, sagte Vater. Er lächelte, aber in seiner Stimme lag eine gewisse Strenge. »Putz mich nicht runter, als sei ich ein Bürschchen wie Hamish. Ich bin über dreißig und weiß, was Verantwortung heißt.«

»Du hast nicht mehr Verstand als Charlie, wenn du davon redest, deine Familie im Stich zu lassen und nach Übersee zu gehen«, sagte Granny mit einer Stimme, die seine an Schärfe überbot. Und in ihren Augen lag kein versöhnliches Lächeln.

Nach Übersee? Diese Worte erregten endlich meine Aufmerksamkeit; mein Dad war durch einen Sturm über dem Atlantik umgekommen. Bisher hatte ich gedacht, »Kanada« sei eine Stadt wie Aberdeen, zwar weit weg, aber doch nicht auf der anderen Seite des Ozeans. Vater und Onkel Thomas würden doch gewiss nicht so weit weg gehen; sie würden bestimmt in einer, höchstens zwei Wochen wieder zu Hause sein!

»Könntest du mir ein neues Haarband aus Kanada mitbringen?«, fragte ich versuchsweise.

Vater streckte die Hand aus und zog mich auf seine Knie. »Nein, nein, Spatz«, sagte er. »Wenn wir uns entscheiden, das Abenteuer zu wagen, werden dein Onkel Thomas und ich für mindestens ein Jahr fort sein. Wir wollen ein Stück Land erwerben. Wir kriegen das Land billig, sofern wir es bearbeiten und darauf wohnen wollen. Sie brauchen Siedler, also wird das Land steuerfrei sein, jedenfalls so lange, bis die Leute sich etabliert haben.«

»Aber, Vater, wieso …«, protestierte ich schwach. Ich wusste nicht, wo ich anfangen sollte.

Meine Worte gingen unter in seinem Redeschwall. Sein Gesicht war rot vor Erregung und seine Augen leuchteten. »Sobald wir Haus und Hof hätten, würde ich kommen und euch alle holen. Wir würden also nicht auf Besuch dahin fahren und mit Haarbändern zurückkommen, Elspet, wir würden nach Kanada gehen, um dort zu bleiben.«

Ich machte mich steif. Das halb vergessene Gefühl des Verlorenseins, das mich überfallen hatte, als mich Dad von den Blacks abholte, überkam mich von neuem. Ich liebte mein Heim in diesem Dorf. Ich kannte alle und alle kannten mich.

Ich verstand, wenn auch nur vage, warum Vater sein eigenes Land haben wollte. Ich hatte oft zugehört, wenn sie über seine Lage sprachen. Da er der dritte Sohn war, würde er das Land, das er bewirtschaften half, nie besitzen. Es gehörte Großvater Gordon. Der hatte im letzten Sommer einen Schlaganfall bekommen und der Arzt hatte ihm gesagt, er solle den Hof Onkel Archie überlassen, sonst sei er in einem Jahr ein toter Mann. Großvater bekam daraufhin beinahe noch mal einen Schlag, aber schließlich fand er sich dann doch bereit zu tun, was ihm nahe gelegt wurde. Er und Großmutter Gordon waren in dem großen Haus geblieben, aber Onkel Archie hatte zusammen mit Onkel Charles, der seine rechte Hand war, die Bewirtschaftung des Familiengutes übernommen.

Vater hatte immer gewusst, dass es einmal so kommen würde, obgleich er stets mitgeholfen hatte, wenn es besonders schwere Arbeit zu tun gab. Dafür ließ er seine paar Schafe mit Onkel Archies Herde weiden. Er hatte jedoch die meiste Zeit damit verbracht, bei Onkel Robert das Maurerhandwerk zu erlernen. Onkel Thomas, der jüngste der vier Gordonsöhne, war Handlanger bei einem Zimmermann geworden und arbeitete noch bei einem anderen Verwandten. Beide trieb der Wunsch, ihr eigener Herr zu sein.

»Euch geht's gut genug«, hatte Granny Ross immer gesagt, wenn die Männer davon sprachen, sich selbstständig zu machen. Vater hatte ihr dann einen unfreundlichen Blick zugeworfen, aber Mutter hatte ihn gezwungen, den Mund zu halten. Keiner von uns konnte vorhersehen, dass ihn seine Unzufriedenheit eines Tages dazu bringen würde, uns alle entwurzeln und in ein fremdes Land zu verpflanzen. Ich begriff jetzt, dass Vater, wenn er ins Feuer starrte, nicht nur die in die Höhe lodernden Flammen, sondern ein neues Leben darin sah. Ein neues Leben in einem neuen Heim. In dem *ich* mich nicht zu Hause fühlen würde!

Er war das Haupt der Familie. So stand es in der Bibel. Wenn er entschlossen war zu gehen, dann würden wir alle gehen, ganz egal, wie wir dazu standen.

Ich packte Vater am Ärmel und flehte ihn an, er solle seinen Entschluss ändern. »Glen Buchan ist unser Zuhause! Wir wollen nicht fortgehen, Vater. Hier kennen wir jedermann. Wir gehören hierher.«

Er hob mich mit einem plötzlichen Ruck von den Knien und stand auf. Er ging geradewegs zur Tür und riss im Vorbeigehen seine Mütze und die alte Tweedjacke von ihrem Haken. Während er sich den Schal um Hals und Schultern wickelte, wandte er sich an Mutter. »Ich hab Thomas versprochen, ein paar Männer in der Wirtschaft zu treffen«, sagte er. »Einer von denen ist gerade von Kanada zurückgekommen und will unsere Fragen beantworten. Wir haben eine Liste von Sachen, die wir fragen wollen. Er ist der Vertreter des Mannes, der ein Schiff mit Leuten nach Kanada bringen will. Geh ins Bett und warte nicht auf mich, Ailsa.«

Die Tür knallte hinter ihm zu.

»Elspet, du hast dein Abendbrot nicht fertig gegessen«, sagte Mutter ruhig.

»Er hat mich gar nicht gehört ...«, jammerte ich ohne mich zu rühren.

»Er hat dich schon gehört, Dummerchen. Es interessiert ihn lediglich nicht, was ein kleines Kind wie du denkt«, sagte

Hamish lachend. »Oh, ich möchte so gern fort von hier. Warum müssen wir ein ganzes Jahr warten?«

Mutter sagte ihm, er solle den Mund halten und seine Möhren aufessen.

Ich ging langsam auf meinen Hocker zurück. Ich hatte keinen Hunger, nahm aber meinen Löffel in die Hand und bemühte mich, nicht zu Granny hinüberzuschauen. Es hätte keinen Sinn gehabt. Sie wusste, dass die Bibel den Mann zum Haupt der Familie erklärte.

Was immer Vater auch sagen mochte, ich spürte es in allen Gliedern, dass er bereits entschlossen war. Und ich würde es nicht ertragen.

7. Kapitel

Es ist herrlich

———————

Niemand erwähnte während des Essens meinen Ausbruch. Ich vermied alle Blicke und würgte zwei Bissen des Haferkuchens hinunter. Er schmeckte nach nichts. Ich dachte, ich müsste daran ersticken, schaffte es aber, alles hinunterzuschlucken. Dann zwang ich mich, in die Runde zu schauen.

Zukunftsträume erleuchteten die Gesichter. Granny und ich schienen die Einzigen zu sein, die von Vaters Erregung nicht angesteckt waren. Charlie steckte voller aufgeregter Fragen und Hamishs Augen leuchteten wie Fackeln. »Wir werden Indianer sehen«, rief er, »und Büffel und Bären jagen.«

»Die Sache ist noch nicht entschieden, Sohn«, sagte Mutter um ihn zu beruhigen. Aber auch ihre Augen, so schien es mir, leuchteten heller als sonst.

Ich sagte mir, dass ich mir das alles nur einbildete. Mutter würde doch sicher nicht weggehen wollen aus dem Dorf, in dem sie ihr ganzes bisheriges Leben verbracht hatte! Und dann sah ich sie zu meinem Entsetzen lächeln, und es war ein Lächeln, in dem dieselbe Begeisterung aufleuchtete, die die Jungen und Vater ergriffen hatte.

Granny Ross sah dieses Lächeln ebenfalls, sagte aber an jenem Abend nichts mehr. Ich war sicher, dass sie nur auf den richtigen Augenblick wartete. Sie würde sie alle zur Vernunft bringen. Aber die Zeit verging und sie ließ keinen Ton verlauten.

In den darauf folgenden Wochen redeten die Großen – natürlich auch Malcolm und Hamish – permanent vom Auswandern. Einige waren dafür, viele dagegen. Aber niemand blieb unberührt. Sogar der Schulmeister überlegte wegzugehen, und der Pfarrer, der zwar für seine Person bleiben wollte, wo er war, nahm Pilgerfahrten und Moses, der die Israeliten in ein neues Land geführt hatte, in seine Predigt auf.

Mein älterer Vetter Malcolm, der inzwischen fünfzehn und länger als Vater war, bedrängte seine Onkel, ihn mitzunehmen. Er war noch immer mein Lieblingsvetter und ich versuchte ihn zu überzeugen, dass überhaupt niemand von uns Glen Buchan verlassen durfte. Aber er war gegen mein Bitten taub wie alle anderen Männer.

»Was um Himmels willen fällt dir ein, den Jungen von zu Hause wegzulocken?«, brüllte Granny eines Abends meinen Vater an. Sie hatte endlich ihr langes Schweigen gebrochen und blickte ihn zornig an.

»Kein Mensch lockt ihn fort«, brüllte mein Vater zurück. Es war das einzige Mal, dass er sich vergaß. »Aber wenn wir uns entschließen zu gehen und er immer noch mitkommen will, denk ich, dass es zu seinem Vorteil wäre. Andrew und Molly haben die älteren Jungen, um sich bei der Arbeit helfen zu lassen, und Malcolm steht am Ende blöd da und kann in die Röhre gucken. Drüben hätten wir genug Arbeit, um ihn vor Dummheiten zu bewahren.«

»Er ist ein außerordentlich feiner Junge«, sagte Granny mit freundlicherer Stimme.

»Man hat ihn beinah mit Mikey MacTavish beim Wildern erwischt«, sagte Vater grimmig. »Das kannst du dir merken. Er hat keine Ahnung, dass ich weiß, was er angestellt hat. Aber wenn Molly und Andrew es ihm nicht verbieten und er immer noch mitkommen will, ist er uns herzlich willkommen.«

Granny sagte keinen Ton mehr, bis Malcolm eine Woche später bei uns zum Abendbrot war. »Malcolm, warum willst du von deinem Zuhause fort?«, fragte sie ihn und beobachtete ihn dabei wie ein Habicht.

Ich hielt die Luft an. Was würde er antworten?

Malcolm sah unsere Granny grinsend an. »Viele Hände bringen die Arbeit schneller zu Ende, Gran«, sagte er. »Das hast du mir selbst beigebracht. Onkel William und Onkel Thomas könnten mich gut gebrauchen. Das weiß ich. Und außerdem brenne ich darauf wegzugehen. Bitte, Granny, gib mir deinen Segen, sonst werden Vater und Mutter niemals ihre Einwilligung geben.«

Granny rümpfte die Nase und saß stocksteif da.

Schließlich konnte es Malcolm nicht mehr ertragen. Er ging zu ihr hin, kniete vor ihrem Stuhl nieder und flüsterte ihr etwas ins Ohr. Sie saß immer noch unbewegt da. Das einzige Geräusch war das Ticken der Uhr. Dann streckte sie eine zitternde Hand aus, zog seinen Kopf zu sich heran und küsste ihn fest auf beide Wangen. »Wenn du fortmusst, dann sollst du das nicht ohne meinen Segen tun, Junge«, sagte sie. »Aber du wirst mir schrecklich fehlen.«

Einen flüchtigen Augenblick lang musste ich an Großmutter Gordon denken. Wenn sie so liebevolle Dinge zu meiner Mam gesagt hätte … Der Gedanke war zu kompliziert. Ich schob ihn beiseite und sagte mir, dass ich mich darüber freuen konnte, dass Malcolm auch auf der anderen Seite des Ozeans bei uns sein würde.

Vater sagte der Familie am folgenden Abend, Onkel Thomas und er hätten sich nun entschlossen, mit den Siedlern nach Kanada zu gehen. Keiner von uns war überrascht, aber etwas beunruhigte mich. Mir klang wieder im Ohr, was Granny zu Malcolm gesagt hatte: *Du wirst mir schrecklich fehlen.*

»Granny kommt doch mit uns, nicht wahr?«, platzte ich heraus.

Es trat ein Schweigen ein, das endlos schien. Granny selbst brach es schließlich, in ihrem üblichen spitzen Ton. »Vielleicht komme ich später nach«, sagte sie, »wenn ihr euch eingerichtet habt. Ich bin zu alt, um Pionierfrau zu spielen. Ich geh inzwischen zu Molly.«

»Was passiert mit dem Haus und allen unseren Sachen? Wir können unser Haus doch nicht einfach verlassen!«, rief ich, immer noch um Haltung ringend.

»Das Haus gehört Großvater Gordon«, sagte Vater. »Die Sachen, die uns gehören, verkaufen wir. Wir werden das Geld gut gebrauchen können, wenn wir drüben neu anfangen. Onkel Archie wird unsere Schafe seiner Herde zuschlagen und Mr Cooper übernimmt die Kuh, sobald ich zurückkomme und euch hole. Bis dahin braucht ihr die Milch. Dein Dad hat dir etwas Geld vermacht. Auch das wird uns dabei helfen, drüben ein neues Heim aufzubauen.«

»Aber ich will kein neues Heim«, sagte ich schluchzend.

»Natürlich willst du. Wart's ab«, sagte Vater geistesabwesend. Er schaute zur Tür.

Ich sah ihn an und nun wurde mir klar, dass er innerhalb der letzten halben Stunde alle paar Minuten zur Tür geschaut hatte. Auch Mutter ahnte, dass irgendetwas im Busche war. »Erwarten Sie einen Besucher, Mr Gordon?«, fragte sie ihn lächelnd.

Da kam wie auf Bestellung Malcolm ins Zimmer gestürzt.

Seine Augen funkelten. »Vater und Mutter haben endlich nachgegeben. Ich darf mit euch gehen!«

Mutter schnappte nach Luft, dann strahlte sie. Vater erhob sich und klopfte Malcolm auf die Schulter. Granny versuchte ihm zuzulächeln, fing stattdessen aber an, leise zu weinen.

»Granny, ich kann Onkel Will helfen«, begann Malcolm flehend. »Und ich kann im nächsten Jahr Onkel Thomas Gesellschaft leisten, während Onkel Will zurückfährt, um Tante Ailsa und die Kinder zu holen. Bitte, wein doch nicht so.«

»Mach dir keine Gedanken«, sagte sie, wischte sich die Tränen aus dem Gesicht und glich wieder ein bisschen mehr ihrem üblichen tapferen Selbst. »Ich weiß wohl, dass du darauf versessen bist, von hier wegzugehen. Es ist bloß so, dass du mir fehlen wirst.«

»Du wirst uns auch fehlen, Mutter«, sagte Mutter. Sie meinte ehrlich, was sie sagte, aber dieses Leuchten war noch immer in ihren Augen.

Die Männer machten danach Pläne und wirkten alle überglücklich über die riesigen Veränderungen, die uns bevorstanden. Niemand schien zu bemerken, dass ich keinen Ton sagte. Ich dachte, dass Vater gar nicht begriff, wie elend mir zumute war.

Aber am nächsten Tag brachte er mir ein orangefarbenes

Kätzchen. »Das ist Furkin«, erklärte er mir. »Ich hab sie vor ein paar Bauernlümmeln gerettet, die sie ertränken wollten. Sie wird dir Gesellschaft leisten, während ich fort bin. Du wirst mich überhaupt nicht vermissen in ihrer Gesellschaft.«

»Doch.« Ich warf die Arme um seinen Nacken und gab mir alle Mühe, den großen Frosch im Hals zu schlucken. »Ich werde auch Onkel Thomas und Malcolm vermissen, aber du wirst mir am meisten fehlen.«

Der nächste Tag war ein Sonntag und wir mussten uns fein machen, um in die Kirche zu gehen. »Ich bin gleich wieder zu Hause, Miezchen«, flüsterte ich der kleinen Katze zu.

Wir saßen auf unserer Bank und hörten den Psalm. Selbst ich, die ich normalerweise in der Kirche vor mich hin träumte, sog diesmal jedes Wort ein: »Nähme ich Flügel der Morgenröte und bliebe am äußersten Meer, so würde mich doch deine Hand daselbst führen und deine Rechte mich halten«, donnerte Mr Barrie, der Pfarrer.

Es war beruhigend zu wissen, dass, wo immer das Schiff mit Vater, Onkel Thomas und Malcolm segelte, der Herr mit ihnen sein würde und jeden Augenblick über sie wachte. Ich schob meine Hand verstohlen in die von Mutter, und so saßen wir da und lächelten uns unter unseren Sonntagshauben hervor zu.

Als es dann April wurde und die drei Auswanderer in der

Postkutsche tatsächlich davongefahren waren, erwies sich Furkin wirklich als Trost. Immer wenn ich nichts zu tun hatte, spielte ich mit ihm. Ich brachte dem kleinen Hugh bei, vorsichtig mit Furkin umzugehen, und achtete darauf, dass Charlie ihn nicht quälte.

Es dauerte eine Ewigkeit, ehe wir von Vater etwas hörten. Das Schiff der Männer hatte im Mai abgelegt und der erste Brief erreichte uns im September. Sie hatten sieben Wochen gebraucht, um nach Kanada zu kommen. Vater schrieb, dass er und Onkel Thomas offiziell zweihundert Morgen Land erworben hätten.

»Unser Land liegt im Verwaltungsbezirk Nichol«, las Mutter vor. »Das große Haus, das wir später bauen, wird auf einem Hügel stehen, von dem man auf ein breites Tal mit einem Bächlein, das es durchzieht, hinunterblickt. Aber wir haben noch viel Arbeit vor uns, ehe das Haus mehr als ein Traum sein wird. Der größte Teil unseres Landes ist mit dichtem Wald überzogen. Wenn euch dieser Brief erreicht, müssten wir bereits einen Teil davon gerodet und eine Holzhütte fertig haben.«

Wir warteten begierig auf mehr. Sogar ich war interessiert, obgleich ich so tat, als würde ich nicht zuhören. Ich wollte die Heimat immer noch nicht verlassen.

Von Oktober bis April ging kein Schiff. Wir wussten also,

dass nur noch ein Brief kommen konnte, ehe der Winter einsetzte. Er erreichte uns am ersten Oktober.

»Es ist hier alles ziemlich provisorisch«, schrieb Vater, »aber es wird euch gefallen. Die wilden Blumen sind schön, Ailsa, und der Wald großartig. Es gibt eine Menge Arbeit. Malcolm kann es kaum erwarten, euch zu zeigen, was für kräftige Muskeln er bekommen hat. Er ist braun wie eine Kastanie. Unsere Jungen werden hier schnell erfahren, was richtige Arbeit ist. Aber es ist so viel besser, für sich selber zu schuften.«

»Ich weiß bereits, was richtige Arbeit ist«, beschwerte sich Charlie. Er beugte den Arm und befühlte einen harten Bizeps, den er noch nicht hatte.

»Ich wollte, ich wäre mitgegangen«, sagte Hamish voller Sehnsucht in der Stimme.

»Schreibt er etwas über mich?«, fragte ich.

»Sag Elspet Mary liebe Grüße«, las Mutter.

Ich streichelte Furkin und dachte über den Gruß nach. Vater liebte mich. Das war schön. Aber was wurde aus mir in Kanada? Würde mir auch eine besondere Aufgabe zufallen? Darüber stand nichts in dem Brief. Waren die Jungen die Einzigen, die zählten?

Ich sagte nichts darüber bis zum nächsten Morgen, als Maggie vorbeikam, um mich zur Schule abzuholen. »Elspet, mein Vater redet jetzt auch davon, nach Amerika zu gehen«, sagte sie. »Meine Mutter meint, es grassiere unter den Männern wie ein Fieber, seit die Murdochs und die MacNaughtons und eure Männer gegangen sind.«

Mein Herz schlug höher. Ich kannte Maggie, seit ihre Familie in unser Dorf gezogen war. Kanada würde freundlicher und weniger fremd für mich sein, wenn Maggie auch da wäre.

»Werdet ihr in unserer Nähe sein?«, fragte ich begeistert.

»Nein«, sagte Maggie mit einem traurigen Gesicht. »Mein Vater möchte nach Nova Scotia gehen. Er findet, der Name klingt schöner als der des Ortes, wo eure Leute sind. Außerdem haben wir dort Verwandte. Aber ich glaube, die MacPhersons gehen mit euren Leuten, vielleicht auch die MacIntoshs.«

»Oh«, sagte ich enttäuscht und ging langsamer, sodass mich Maggie ermahnen musste, einen Schritt zuzulegen, weil uns der *Dominie* sonst fürs Zuspätkommen in die Ecke stellte. Ich ging etwas schneller. In den Familien, die sie erwähnt hatte, gab es kein Mädchen in meinem Alter. Bis zu diesem Zeitpunkt hatte ich mir nicht klargemacht, dass ich nicht nur Granny und die restliche Verwandtschaft, sondern auch Maggie und die anderen Mädchen, die ich kannte, verlieren würde. Vaters Briefe enthielten kein Wort zu diesem Thema. Er erwähnte weder ein Dorf noch eine benachbarte Familie. Mir war unbehaglicher zumute denn je.

Später überdachte ich noch einmal, was mir Maggie gesagt hatte. »Mutter, warum schreibt Vater überhaupt nichts über ein Dorf?«, fragte ich. »Er hat nicht mit einem Wort von anderen Kindern gesprochen.«

»Kopf hoch, Liebling«, sagte Mutter. »Er ist halt ein Mann. Er hat keine Vorstellung davon, wie wichtig Nachbarn für dich und mich sind. Aber es werden Nachbarn da sein, da bin ich ganz sicher. Es wird herrlich sein.«

»Da hab ich so meine Zweifel«, sagte ich finster und ahmte dabei Grannys Sprechweise nach. »Und selbst wenn es dort herrlich ist, es wird nicht unsere Heimat sein. Ich bin sicher, ich werde es dort abscheulich finden.«

»Wenn du Dornen statt Blumen suchst, dann bist du selbst schuld, wenn du in einer Wildnis lebst«, sagte Granny scharf.

Ich starrte sie an. Was konnte sie damit meinen?

»Steh nicht mit offenem Mund da, Kind. Du siehst aus wie ein Dummkopf«, sagte sie.

Mutter lächelte mir über Granny hinweg zu. »Elspet wird die Blumen sehen, keine Angst«, sagte sie.

Ich wusste nicht recht, was sie meinten, beschloss aber, es später herauszufinden. Und ob nun der Bezirk Nichol voller Blumen oder Dornen war – ich wollte trotzdem lieber in Glen Buchan bleiben.

8. Kapitel

Es ist Vater

Das Jahr ohne Vater und Malcolm verging im Schneckentempo. Auch Onkel Thomas fehlte uns, aber er war nicht jeden Tag bei uns gewesen wie die anderen beiden.

Schließlich kehrte der Frühling zurück und wir wussten, dass Vater kommen würde, sobald er eine Passage auf einem Schiff fand. Trotzdem hörten wir nichts von ihm bis zu einem späten Nachmittag im Juni.

Ich saß am Tisch und aß einen Scone, manierlich wie eine echte Dame, während meine Brüder die ihren wie ausgehungerte Wölfe hinunterschlangen. Hamish nahm sich bereits den dritten Scone, während ich mit dem ersten gerade halb fertig war. »Du bist ein Schwein, Hamish«, sagte ich mit mildem Tadel.

Er ignorierte die Bemerkung, wie ich erwartet hatte. »Das Erste, woran ich mich erinnern kann«, sagte er mit vollem Mund, »ist, dass mir der alte Shep meinen Scone stahl. Ich war damals gerade drei und er war so groß wie ich. Er zerrte ihn mir richtig aus der Hand und ich schrie. Ich dachte, Vater würde auf Shep böse sein, aber nein, er schrie mich an, ich solle das Maul halten. ›Einen fröhlichen Geber hat Gott lieb‹, sagte er.«

Unser Shep war sechs Wochen nach Vaters Weggang gestorben. Obgleich das nun schon ein Jahr zurücklag, vermissten wir ihn immer noch alle schmerzlich. Aber wir lachten über den Ausdruck auf Hamishs Gesicht, als er erzählte, was Vater gesagt hatte.

Charlie fuhr mit Reden fort, ehe jemand Zeit hatte, Trauer zu zeigen: »*Ich* erinnere mich, wie ich auf dem Bach ins Eis eingebrochen bin und Großvater mich rausgezogen hat. Er hat gebrüllt wie ein Ochse.«

»So redet man nicht von seinem Großvater, Junge«, sagte Granny Ross streng. Sie schoss Mutter einen Blick zu, als sie das sagte. Sie war entschieden der Meinung, Mutter sei mit uns zu nachsichtig.

Ich leckte mir die Butter von den Fingern und musste an meinen Dad denken, der mich eines Abends – der Mond stand am Himmel – hierher gebracht, und an Mutter, die mich ›ihr kleines Mädchen‹ genannt hatte. Während ich diese Erinnerung auskostete, stand Hamish auf und streckte sich. Dann schlenderte er zum Fenster, schob die steifen Netzvorhänge beiseite und schaute durch das Glas. Im selben Augenblick drehte er sich mit leuchtenden Augen um.

»Da ist Vater!«, schrie er. »Vater ist nach Hause gekommen!«

Während meine größeren Brüder zur Haustür hinausstürzten, rannte ich ans Fenster. War es möglich, dass er Recht hatte? Zwar hatte er scharfe Augen, aber konnte er Vater nach so langer Zeit auf diese Entfernung erkennen? Mit weit aufgerissenen Augen und einem Gefühl der Erregung, in die sich Furcht mischte, schaute ich den Hügel hinauf bis zur Kreuzung. Denn da oben setzte die Postkutsche immer ihre paar Gäste ab.

Die Kutsche stand tatsächlich dort oben. Ich sah auch klar den riesigen Schatten, den sie warf. Unser Dorf hatte nur diese eine mit Kopfsteinen gepflasterte Straße mit der Kirche, dem Laden, dem Gasthaus, der Schule und den dicht aneinander gereihten niedrigen Häusern, die sie säumten. Ein Hand voll Männer hatte sich versammelt, um die Kutsche zu begrüßen. Nur ein Fahrgast war herausgesprungen.

Der große schlaksige Mann stand mit seinem Bündel über der Schulter da. Das war vielleicht Vater! Er schaute nach links und rechts und begrüßte alte Freunde. So etwas würde Vater tun, wenn er es war. Vater war so lange fort gewesen, ich war mir einfach nicht sicher. Bis ich Hamish, dessen schwarzes Haar wild im Wind flatterte, den Berg hinaufrennen und die Hand des Mannes schütteln sah. Charlie erreichte ihn Sekunden später. Da er nicht der älteste Sohn war, brauchte er auch nicht so höflich zu sein. Er warf die Arme um Vaters Hüften und drückte ihn.

Ich sah, wie Vater den Kopf zurückwarf und laut über etwas, was einer der beiden Jungen gesagt hatte, lachte. Ich sah sein Profil. Er hatte einen dichten, buschigen Bart. Er hatte keinen Bart gehabt, als er Schottland verlassen hatte.

»Es ist Vater. Aber er hat einen Bart«, sagte ich leise und etwas unsicher.

Mutter gab keine Antwort. Ich hörte die Tür wieder knallen und war nicht überrascht, als ich sie, den großen Jungen nach, auf der Straße rennen sah. Vater winkte der Gruppe von Männern, die zur Kutsche gekommen war, mit dem Hut. Dann lief er mit langen Schritten über das Kopfsteinpflaster auf unsere Mutter zu. Hamish und Charlie rannten hinterdrein und versuchten, mit ihm Schritt zu halten.

Jetzt hatte Vater seinen freien Arm um Mutters Schultern gelegt. Sie strahlte. Ihre Haube hatte sich gelöst und war über ein Ohr heruntergerutscht, aber das schien sie nicht einmal zu bemerken. Sie sah so glücklich aus, dass ich mich genierte zuzusehen. Ich wandte mich vom Fenster ab. Meine blonden Zöpfe baumelten und mein Herz klopfte wild vor Erregung. Ich sah hinüber zu Granny Ross und unterdrückte den Begeisterungsschrei, der mir im Hals saß. Granny würde ein solches Kreischen nicht gutheißen.

Die alte Dame hatte sich nicht gerührt. Ihr Rücken, wie

immer stocksteif, berührte die Stuhllehne nicht. Sie saß wie die ganze Zeit vorher am Feuer und strickte an einem Strumpf für Charlie, der immer riesige Löcher in den Knien hatte, kaum dass die Strümpfe fertig waren. Hugh schlief fest in seinem Bettchen. Ich hörte, wie er am Daumen lutschte. Er schlief wie ein Murmeltier, ganz egal, was um ihn herum passierte. »Das Bürschchen wird noch die Posaunen des Jüngsten Gerichts verschlafen«, pflegte Granny zu sagen.

Furkin blieb zusammengerollt liegen und genoss den ungewohnten Frieden im Haus. Er hatte den Schwanz über seiner dreieckigen Nase liegen.

»Es ist wirklich Vater, Granny«, sagte ich. »Er hat den Arm um Mutter gelegt. Aber er hat sich einen struppigen Bart wachsen lassen.«

»Ich weiß, wer es ist«, sagte Großmutter schroff. Sie klapperte mit ihren Nadeln, als sei nichts geschehen. »Er wird schnell genug hier sein. Es gibt keinen Grund, warum das ganze Dorf zusehen sollte, wie wir den Mann begrüßen. So ein Gewese ist ungebührlich. Dein Großvater hatte übrigens auch einen schönen Bart, als er so alt war wie William Gordon.«

Ich grinste. Aber hinter meiner Erregung lauerte ein Unbehagen, das ich beunruhigend fand. Überglücklich über Vaters Heimkehr, war ich doch zugleich besorgt, er plane vielleicht, uns in seine neue Welt mitzunehmen, ehe ich wirklich bereit war. Gewiss würde er uns nicht drängen. Er würde doch sicher Zeit brauchen, um sich von seiner langen Seereise zu erholen, oder? »Meinst du, dass er sofort zurückkehren möchte?«, begann ich.

Da ging die Tür auf und William Gordon knallte mit dem Kopf krachend gegen den niedrigen Türsturz.

»Jetzt weiß ich, dass ich zu Hause bin«, sagte er mit seiner tiefen Stimme. »In unserer Blockhütte habe ich die Tür dreißig Zentimeter höher gemacht.«

Hugh öffnete die Augen, als er die tiefe Stimme hörte, und Großmutters Stricknadeln standen endlich still. Sie begrüßte ihren Schwiegersohn mit einem strahlenden Lächeln. Es freute mich, dass ich es gesehen hatte, bevor das Gesicht meiner Großmutter wieder scharf und streng wurde. In meiner Gegenwart lächelte Granny mehr als sonst, dennoch war ihr Lächeln selten und alles andere als selbstverständlich.

»Gott zum Gruß, Mutter Ross«, sagte Vater dann respektvoll.

»Willkommen zu Hause, William Gordon«, sagte Granny Ross. Sie legte ihr Strickzeug beiseite und reichte ihm die Wange zum Kuss. »Ach, jetzt hast du das Kind geweckt. Hier ist dein Vater. Er ist nach Hause gekommen, Hughie.«

Vater schaute in Hughs weit aufgerissene Augen und

lachte vergnügt. Er nahm den zwei Jahre alten Jungen mit Schwung aus dem Bett und hob ihn in die Höhe, sodass sein dunkler Kopf fast die Sparren streifte. »Ja, kleiner Hugh, es ist tatsächlich dein alter Vater«, sagte er. »Gib mir einen Kuss.«

Hugh war alles andere als scheu. Er quiekte vor Lachen und küsste folgsam die bärtige Wange.

Dann entdeckte mein Vater mich. Ich stand noch immer am vorderen Fenster und musterte sein Gesicht mit großen, ernsten Augen. »Nun, Elspet Mary, meinst du, du erkennst mich das nächste Mal, wenn wir uns sehen, wieder?«, sagte er scherzend.

Ich erinnerte mich an die scherzende Stimme, aber das schmale, braun gebrannte Gesicht mit dem Bart kam mir immer noch sehr fremd vor. Mir war jedoch bewusst, dass ich meine Sache nicht besonders gut machte. Ich war entzückt, ihn zu sehen, und hätte auf ihn losstürzen müssen wie die Jungen. Aber …

»Willkommen, Vater«, sagte ich langsam und ging auf ihn zu um ihn zu küssen.

Er sah mir in die Augen und muss die Liebe, die ich für ihn empfand, darin entdeckt haben. Ehe ich einen Schritt zurück tun konnte, hatte er mich gepackt und umarmte und drückte mich, dass mir fast die Knochen brachen. Als ich aufschrie, ließ er mich los und lachte wieder. »Als ich fortging, warst du ein Winzling. Hinter meinem Rücken bist du zu einem Riesenmädchen aufgeschossen«, sagte er. »Du kannst *unmöglich* meine kleine Elspet Mary sein.«

Ich lachte, als er das sagte, aber meine verworrenen Gefühle gaben meinem Lachen etwas Verkrampftes. Er betrachtete mein abgewandtes Gesicht mit einem fragenden Blick, aber als ich stumm blieb, wandte er sich Mutter zu. »Frau, ich bin ganz schwach vor Hunger«, sagte er. »Rieche ich etwa frische Scones?«

Granny lachte auf. »Du magst ja hungrig sein, Schwiegersohn, aber schwach? Da hab ich eher meine Zweifel«, sagte sie. »Das Pionierleben hat dir gut getan. Du bist kräftig und muskulös geworden.«

Vater setzte sich auf der anderen Seite des Feuers an den Tisch. Mutter stellte schnell einen Teller mit Scones und Käse vor ihn hin. Das würde seinen ersten Hunger stillen, während sie das Abendessen kochte.

Ich sah Vater zu, wie er aß, und entdeckte an ihm keine großen Veränderungen bis auf diesen Bart. Er verschlang die Scones noch schneller als Hamish. Aber ich war mir seiner immer noch nicht sicher.

Furkin war inzwischen hellwach und brachte sich mit einem Satz auf den Wäscheschrank in Sicherheit. Die Katze erinnerte sich ganz offenkundig nicht an diesen Mann. Sie wusste jetzt auch nicht mehr, dass sie einmal ein kleines, mageres Kätzchen gewesen war und dass jemand sie vor dem Ertrinken gerettet und zu mir gebracht hatte.

Was hatte Vater da erzählt von einem Blockhaus mit einer höheren Tür? Natürlich wusste ich, was er gesagt hatte. Ich wusste sogar, was seine Worte bedeuteten. Schließlich hatte Mutter seine beiden Briefe laut vorgelesen. Er hatte Land gefunden, eine Hütte darauf gebaut und war nur zurückgekommen, um uns zu holen, genau wie er es vorher gesagt hatte. Und ich, seine Elspet Mary, war immer noch die Einzige, die Glen Buchan nicht verlassen wollte, obwohl ich *wusste*, dass wir weggehen würden.

Ich sah meinem Vater zu, wie er sein Essen verzehrte, und konnte mein eigenes nicht hinunterschlucken. Ich musste erst alles wissen, und wenn es noch so bitter wäre.

»Kann ich Furkin mitnehmen?«, sagte ich fast flüsternd.

»Wie bitte, Elspet Mary?«, fragte Vater stirnrunzelnd. Er konnte es nicht leiden, wenn seine Kinder flüsterten, zumal wenn sie etwas wollten. Das wusste ich.

Ich versuchte es noch einmal etwas lauter. »Kann ich Furkin mitnehmen?« Diesmal klang meine Stimme zu laut.

»Wer ist Furkin?«, fragte Vater.

Ich sah ihn verständnislos an und konnte nicht glauben, dass er sich nicht erinnerte. In diesem Augenblick sprang Furkin auf seinen Schoß und brachte sich so in Erinnerung. Vater lächelte und strich das etwas zerzauste orangefarbene

Fell der Katze glatt. Furkin machte einen Buckel und wölbte sich den kräftigen Fingern entgegen. Er liebte diesen festen Griff, doch Vater sah jetzt keineswegs glücklich aus. Er seufzte, ehe er antwortete.

»Ich fürchte, nein, Mädchen«, sagte er schließlich. »Er würde gar keine so weite Reise machen wollen. Katzen mögen eine Umgebung, in der ihnen alles vertraut ist. Ich bin sicher, dass sich Granny um ihn kümmern wird. Und wir besorgen dir eine neue Katze.«

Ich hätte am liebsten losgeheult und stürzte tränenblind zur Tür. Furkin schnurrte auf Vaters Schoß wie ein siedender Kessel und ahnte nicht, dass er mich bald verlieren würde.

»Komm, komm, Kind«, sagte Granny scharf. »Du willst doch nicht fortgehen und mir nicht mal eine Katze zurücklassen, die mir Gesellschaft leistet? Ich versprech dir, dass ich das Tier verwöhnen werde. Geh jetzt und hol die Sachen von der Wäscheleine herein, ehe sie wieder klitschnass werden.«

Ich rannte durch die Hintertür ins Freie. Tränen rannen mir über die heißen Wangen. Ich gab mich ihnen ein paar Minuten lang hin. Dann war es Zeit wieder hineinzugehen. Ich wischte mir die Tränen aus den Augen und schaute zu der Wäscheleine hoch.

Sie war leer.

9. Kapitel

Der Entschluss

———————

Ich hatte Furkin im Schoß und versuchte nicht zu weinen. Wir saßen in einer grasbedeckten Mulde inmitten einer Ginsterhecke; vom Haus aus konnte uns keiner sehen. Aber wir hörten, wie Granny sang.

>»Fahr, kleines Boot, wie der Vogel im Wind,
>Vorwärts, die Seeleute rufen.
>Trag ihn, den Knaben, der zum König geboren,
>Trag ihn hinüber nach Skye.«

Warum musste Granny ein Lied singen, das vom Überqueren der See handelte? Ich schluckte die Tränen hinunter. Wie sollte ich Furkin verlassen können? Keine andere Katze konnte sie ersetzen. Kein kanadischer Kater würde so sanft sein oder so laut schnurren. »Du gehörst mir«, sagte ich unter Schluchzen und streichelte Furkins Fell. »Und du wirst mich schrecklich vermissen ...«

»Komm, Miez, komm her«, rief Granny, ihr Singen unterbrechend.

Furkin sprang mir vom Schoß und verschwand durch den Ginsterbusch. Er schaute nicht zurück. Er wusste, dass Granny etwas Leckeres für ihn hatte, und wenn Granny mit dieser singenden Stimme rief, dann hatte Furkin für mich keine Zeit.

Ich schaute ihm nach. Granny liebte den Kater fast so sehr wie ich. Vielleicht hätte er ja, wenn Vater mir erlaubt hätte, ihn mit nach Kanada zu nehmen, ganz große Sehnsucht nach Granny gehabt?

Ich war es nach und nach leid geworden, die Einzige in der Familie zu sein, die nicht hingerissen war von der Aussicht, Schottland zu verlassen. Die Jungen redeten nur noch von der Reise. Es vergingen kaum zwei Minuten, ohne dass Vater von unserem eigenen Land in Übersee sprach. Sogar Mutter summte, während sie packte. Alles musste in Eile erledigt werden, damit wir unsere neue Heimat noch vor Beginn der Erntezeit erreichten. Onkel Thomas brauchte dafür Vater und die Jungen.

»Unsere Hilfe brauchen sie auch, Elspet. Du wirst's sehen«, hatte Mutter gemurmelt, als sie sah, wie sich mein Gesicht verfinsterte.

Ich stand auf und klopfte den Schmutz, der an meinem Rock hängen geblieben war, ab. Dann trödelte ich zurück ins

Haus, blieb aber unterwegs stehen, um ein wildes Stiefmütterchen zu pflücken. Irgendetwas an dieser Blume tröstete mich immer wieder. Ich hatte das Gefühl, ich müsste mich erinnern. Die Blume hatte eine Bedeutung. Mam hatte davon gesprochen! Ja, damit hing es zusammen.

»Es hat keinen Sinn, für Hamish und Charlie Winterbekleidung mitzunehmen«, sagte Mutter beim Sortieren unserer Kleider. »Und außerdem würde es Jahre dauern, bis Hugh sie tragen könnte. Wir werden ein paar Ballen guten, kräftigen Stoff mitnehmen ...«

»Mutter, macht es dir wirklich nichts aus, Schottland zu verlassen?« Ich sah sie fragend an.

»Ich bin nie aus unserem Dorf herausgekommen, Elspet«, sagte Mutter mit einem Lächeln. »Du hast in Aberdeen gelebt, aber ich bin nie weiter als fünfzehn Kilometer von unserer Haustür weg gewesen. Du musst bedenken, ich wuchs am anderen Ende des Dorfes auf, in dem Haus, in dem jetzt Onkel Andrew wohnt. Meine Mutter stammt von den Orkneys, aber ich bin nie dort gewesen, da sie keinerlei Verwandtschaft mehr auf den Inseln hat.«

»Aber liebst du denn Glen Buchan nicht?«, sagte ich verzweifelt. »Wir sind doch hier zu Hause.«

Ich konnte es keinem von ihnen erklären, aber meine Panik hatte damit zu tun, dass mich Dad vor so langer Zeit hierher gebracht hatte. Sobald man von hier weg war, wurde einem die Mutter von wild gewordenen Pferden erschlagen. Fern von hier existierte nur eine Welt voller Gefahren und voller Einsamkeit. Ich hatte immer noch hie und da Alpträume, in denen ich von jemandem fortgeschleppt wurde, dessen Gesicht ich nicht sehen konnte.

Dazu kam, dass wir den Ozean überqueren mussten. Mein Dad war zur See gefahren und nicht wiedergekommen. Wenn nun auf unserer Überfahrt Stürme aufkamen, was dann?

»Was bekümmert dich, Herz?«, sagte Mutter. Ihre Augen suchten die meinen.

»Nichts«, murmelte ich. Ich wollte nicht, dass sie sich auch ängstigte. Ich drehte mich um und ging zum Fenster. Da stand ich und schaute in die Leere. Ich versuchte nicht an Stürme und wild gewordene Pferde zu denken.

»Elspet Mary!«

Mutter klang jetzt verärgert. Ich fuhr zusammen und wandte mich ihr zu.

»Ich hab dich schon zweimal gebeten, mir beim Falten dieser Decken zu helfen«, sagte Mutter sanfter. »Hör auf herumzuhängen, Kind. Wir haben für die nächsten drei Wochen eine Menge Arbeit vor uns.«

Ich schüttelte meine trübsinnige Laune ab, nahm die Zipfel der wollenen Decke und trat ein paar Schritte zurück. Es hatte keinen Sinn, irgendwen zum Zuhören zu zwingen.

Schotten waren sture Menschen. Das behauptete Granny, und sie musste es wissen.

»Kanada wird dir gefallen, sobald du da bist«, sagte Mutter. Sie nahm die zusammengefaltete Decke und legte sie mit ein paar Mottenkugeln in die Kiste. »Versuch ein bisschen fröhlicher zu sein. Deine Griesgrämigkeit ist für uns alle schwer zu ertragen.«

Nach diesem Gespräch gab ich mir Mühe, nicht mehr so trübsinnig herumzuhängen. Aber essen konnte ich nicht viel. Granny, die mich gepflegt hatte, als ich mit Scharlach im Bett lag, fing an sich Sorgen zu machen. »Vielleicht ist sie zu zart«, hörte ich sie eines Abends sagen. »Ich weiß, dass dir der Gedanke nicht sehr gefällt, aber hast du schon mal daran gedacht, das Kind bei mir zu lassen? Molly und ich würden uns gut um sie kümmern.«

Ich wurde ganz steif. Natürlich wollte ich nicht weg von hier, aber allein wollte ich auch nicht zurückbleiben. Tante Molly war lieb, aber sie war nicht Mutter. Granny war auch nicht Mutter. Und sosehr ich meine Großmutter liebte, der Gedanke, allein in ihrer Obhut zurückzubleiben, war unerträglich.

Ich hielt die Luft an und wartete.

»Ich könnte sie nie zurücklassen«, sagte Mutter. Ihre Stimme klang belegt. »Sie ist mir genauso lieb wie die Jungen und William. Wir wären alle todunglücklich ohne Elspet. Hättest du denn je ohne mich fortgehen können, Mutter?«

»Das ist nicht ganz dasselbe, Mädchen«, begann Granny Ross.

»Es ist genau dasselbe«, sagte Mutter scharf. Sie klang aufgebracht und wild wie eine Tigerin, die ihr Junges verteidigt. »Lass das in Williams Gegenwart ja nie durchblicken, wenn dir dein Leben lieb ist.«

»William hat alles mitgehört«, sagte Vaters tiefe Stimme unter der Tür. »Elspet Mary kommt mit uns. Der Ortswechsel wird dem Mädchen gut tun. Die Seeluft wird ihr ein bisschen Röte auf die Wangen zaubern, Mutter Ross.«

Fortan unterließ ich es zu wiederholen, ich wolle nicht fort von hier. Dies war meine Familie. Der Gedanke, einen von ihnen zu verlieren, war mir unerträglich. Selbst die Vorstellung, bei Granny und Furkin zu sein, konnte mich nicht verlocken zurückzubleiben.

10. Kapitel

Adieu, Furkin

————

Vater ging mit den Jungen zu seinen Eltern um sich zu verabschieden. Mutter schickte einen Brief mit, in dem sie ihnen mitteilte, es täte ihr Leid, aber sie habe zu viel zu tun bis zur Reise. Vater drang zunächst in sie, dass sie ihn begleiten solle, ließ dann aber davon ab. Niemand erwähnte mich. Später hörte ich, wie Vater Mutter erzählte, Großvater Gordon wünsche uns alles Gute zu unserem Umzug nach Kanada. »Er gab mir zwanzig englische Pfund, damit wir Geld haben, wenn wir etwas brauchen. Es ist ein großzügiges Geschenk, Ailsa, das musst du zugeben.«

»Ich sagte, er sei kaltherzig und stur; aber ich hab nie behauptet, er sei knickerig«, sagte meine Mutter mit einem Lächeln.

Zwei Tage bevor wir fahren sollten, rief Granny und forderte mich auf, ihr in den Garten hinter dem Haus zu folgen. »Ich möchte, dass du weißt, dass ich gut für den Kater sorgen werde«, sagte sie. »Ich werde dir alles über ihn schreiben, wenn ich kann. Sei deiner Mutter Trost und eine Stütze. Und versuch, ein vergnügtes Gesicht zu machen, mein Liebling.«

Ich nickte und gab mir die allergrößte Mühe, nicht auf der Stelle in Tränen auszubrechen.

»Möge Gott dir Kraft geben für alles, was vor dir liegt, mein Herzenskind«, sagte Granny mit belegter Stimme und marschierte ins Haus zurück.

Am selben Nachmittag packte sie ihre paar Sachen zusammen um zu Tante Molly und Onkel Andrew überzusiedeln. Ich musste, während ich ihr zusah, wieder mit den Tränen kämpfen. Sie warf mir einen gereizten Blick zu. »Um Himmels willen, Mädchen, heb deine Tränen lieber für morgen auf. Ich werde kommen, um euch eine gute Reise zu wünschen«, sagte sie schroff. »Es ist ja nur um die Ecke. Und dann nehm ich Furkin mit.«

Aber auch in ihren alten Augen glänzten die Tränen, als der Wagen mit uns und all den Sachen, die zu verkaufen wir nicht übers Herz gebracht hatten, quietschend aus dem Dorf ruckelte. Ich winkte wie verrückt. Die Tränen strömten mir nun hemmungslos über die Wangen. Ich hörte erst auf zu winken, als Granny längst außer Sichtweite war.

»Du bist eine richtige Gießkanne«, knurrte Hamish angewidert.

»Lass das Mädchen in Ruhe, Hamish«, sagte Vater scharf.

Dann zog er sein Taschentuch heraus und schnäuzte sich, dass der Wagen zitterte.

Wir brauchten drei Tage, um den Hafen zu erreichen. Dann standen wir an der Pier und warteten, bis unser Schiff kam. Ich starrte voller Angst auf das schwarze Ungetüm. War es dieselbe Art Schiff, mit der mein Vater umgekommen war? Die Vorstellung, dass wir die kommenden Wochen auf diesem Schiff verbringen mussten, hatte nichts Verlockendes.

Wir hatten kein Geld für eine Kabine über dem Wasser. Die drei übereinander liegenden Kojen, die uns zum Schlafen dienten, waren eng, hart und ohne frische Luft. Die Jungen kletterten in die oberste, Mutter und ich teilten uns die in der Mitte und Vater und Hugh lagen in der untersten.

Es war gut, dass Vater die Reise schon einmal gemacht hatte, denn so wusste er, was uns erwartete. Er hatte darauf geachtet, dass wir Vorräte mitnahmen, Hafermehl, Dosenkekse, Kartoffeln, ein bisschen Tee und Zucker. Wir schliefen in unseren Kleidern, die alsbald anfingen zu stinken, obgleich sie zu Beginn der Reise ganz sauber gewesen waren. Alles stank. In dem Schiffsbauch war ein Höllenkrach und ich hatte das Gefühl zu ersticken.

Das Schiff schaukelte schon im Hafen hin und her. Es dauerte keine paar Minuten, da würgte ich bereits.

»Nicht hier drin, Elspet. Renn an die Reling!«, schrie Mutter.

Ich raste die steile Treppe hinauf und hielt mir mit einer Hand den Mund zu. Dann spuckte ich über die Seite ins Wasser.

»Der Himmel bewahre uns«, sagte eine fette Frau aus Irland, »das kleine Mädchen speit sich die Eingeweide aus dem Leib und dabei haben wir noch nicht einmal abgelegt.«

Mir war viel zu schlecht, als dass ich irgendwelche Scham empfunden hätte. Und als dann die Segel gesetzt und wir auf See waren, kamen die Leute reihenweise an die Reling und taten es mir gleich. Die fette Frau war eine der Schlimmsten. Sie versuchte nicht einmal die Reling zu erreichen, sondern erbrach sich ungehemmt in den überfüllten Kabinenraum, was den Ekel erregenden Gestank noch erheblich steigerte.

Der Ozean hob und senkte sich unaufhörlich und mein Magen mit ihm. Ich war fürchterlich seekrank. Nichts wollte helfen. Sobald mein Innenleben Anstalten machte sich zu beruhigen, dachte ich an Granny und Furkin, und schon würgte es mich wieder. Ich konnte mir nicht vorstellen, dass die beiden miteinander glücklich waren. Ich war überzeugt, dass beide sich allein und einsam fühlten.

Während der ersten Tage hatte ich auch die ganze Zeit Angst. Niemand hatte mir gegenüber erwähnt, dass mein Vater ertrunken war, vielleicht hatten sie es vergessen. Ich aber musste jedes Mal daran denken, wenn der Wind sich erhob und in der Takelage heulte. Ich hätte eigentlich jemanden gebraucht, der mich beruhigte, aber ich sagte nichts. Ich glaubte, sobald ich von meiner entsetzlichen Angst redete, würden schon allein die Wörter den Sturm, den ich so fürchtete, hervorrufen.

»Sie ist dünn wie ein gerupftes Hühnchen«, sagte Mutter nach ein paar Tagen. »Ich mach mir Sorgen um sie, William.«

»Sie wird bald seefest sein«, antwortete Vater. Sein etwas zu herzhafter Ton täuschte nicht einmal mich. Er war ebenso besorgt wie sie. Und es gab gute Gründe zur Besorgnis. Zwei kleine Kinder und eine ältere Frau waren gestorben, ehe wir die Hälfte der Reise hinter uns hatten. Mutter sagte, die beiden Kleinen seien von Anfang an kränklich gewesen und Mrs O'Brien habe ein schwaches Herz gehabt. Aber die Seebestattung an Deck hatte sogar dem kleinen Hugh zu schaffen gemacht.

Wir waren nur noch ein paar Tage von unserem Ziel entfernt, als der Sturm, vor dem ich die ganze Zeit Angst gehabt hatte, über unser kleines Schiff hereinbrach. Zunächst – es war am späten Nachmittag – verfärbte sich der Himmel und wurde zinngrau. Die Seeleute beobachteten die Wolken, die sich am Horizont zusammenbrauten, und bekreuzigten sich, während sie in die Takelage sprangen. Uns schickte man alle unter Deck. Was das Ganze zum Alptraum machte, war die Dunkelheit. Damit kein Feuer ausbrechen konnte, musste jede Kerze gelöscht werden. Alle Lampen blieben dunkel. Die Planken und Balken des Schiffes knarrten, als fiele es jeden Augenblick auseinander, und der Wind steigerte sich zu einem entsetzlichen Geheul.

»Mein Dad ... war es so, als mein Dad unterging?«, schrie ich Mutter zu und schlang die Arme um ihren Hals.

Sie konnte mich nicht hören, hielt mich jedoch fest an sich gedrückt. Wir saßen Wange an Wange gepresst da und ich merkte, wie sich ihre Lippen im Gebet bewegten. Charlie drängte sich an uns. Obwohl er nun schon fast elf war, schluchzte er vor Angst.

»Wir sind verloren!«, schrie eine Frau in der alptraumhaften Finsternis. »Jesus, Maria und Joseph, helft uns!«

Dann begann mein Vater, das Toben des heulenden Sturms und das hysterische Stöhnen der Leute übertönend, zu singen. Seine Stimme klang laut und mächtig.

»Du Gott, der du uns halfst in vergangener Zeit,
Hoffnung in künftigen Tagen,
Schutz vor Sturmes Plagen,
Wohnstatt in Ewigkeit.«

Die Sturmböen warfen das Schiff immer wieder in die tiefen Abgründe, die sich zwischen den riesigen Wellen auftaten. Doch obgleich es uns allen unglaublich vorkam, schaffte es das bebende Schiff jedes Mal, auf die in die Höhe ragenden Wellenkämme zu klettern. Die Stimme Vaters mit dem Kirchenlied von Isaac Watt war zwar mächtig, drang aber nur in Bruchstücken an unser Ohr, da er immer wieder gegen die Balken geschleudert wurde, an die er sich zu klammern versuchte. Doch alsbald nahmen andere Stimmen das Lied auf. Vielleicht hatte Vater mit seinem Gesang, wie der Herr im Himmel, die Macht, den wilden Wind zu bannen, denn ehe er das nächste Lied angefangen hatte, begann der Sturm ein wenig nachzulassen, und auch meine Panik legte sich ein bisschen.

Als die See schließlich ruhig genug war, dass man die Lampen wieder anzünden konnte, ließ ich Mutters Hals los und stellte verwundert fest, dass ich froh war, davongekommen zu sein, und zwar nicht nur, um eben weiterzuleben, sondern um nun mit eigenen Augen dieses großartige Land zu sehen, von dem Vater so begeistert war.

In den darauf folgenden Tagen heilte mich Vater ganz. Er trug mich, eingewickelt in seinen Überwurf, hin und her auf dem schwankenden Deck. Einmal sah ich Wale und zweimal sogar Eisberge. Obgleich ich mich immer noch nach zu Hause sehnte, begann ich aufzuleben. Es passierte einfach. Und als ich eines Morgens tatsächlich um eine zweite kalte Kartoffel bat, verschwand der besorgte Blick aus Mutters Augen.

»So Gott will, schaffen wir den Rest ohne große Gefahren«, sagte sie, »aber verlang bloß nie mehr, dass ich diese Reise noch einmal machen soll. Wir müssen es schaffen, William. Die Kinder und ich könnten das Ganze kein zweites Mal durchmachen.«

Eines Nachmittags im Juli sichteten wir Land.

Ich stand an der Reling und starrte über die graugrünen Wellen auf den blauen Fleck am Horizont. Ich war genauso erregt wie Hamish. Lange genug hatte es ja gedauert. Das Schiff war nicht im Sturm gesunken. Meine ganze Familie war am Leben und befand sich vor der Küste von Nova Scotia. Gott hatte uns am Ende nicht verlassen. Und dann würden wir bald wieder mit Onkel Thomas und meinem lieben Vetter Malcolm zusammen sein!

»Oh, meine Elspet, endlich setzen wir den Fuß wieder auf festes Land«, sagte Mutter. Sie klang, als singe sie vor Freude.

»Kein Schlingern mehr«, tönte Hamish.

»Kein dreckiges Wasser mehr«, stimmte Charlie ein.

»Kein Gestrampel und keine blauen Flecken mehr vom kleinen Hugh«, sagte Vater scherzend und fuhr dabei liebevoll durch die schwarzen Locken des kleinen Jungen.

Die anderen Passagiere lachten laut. Überall begannen Kinder zu jubeln und herumzuhüpfen. Einige Rufe waren schwach und viele der Gesichter der erregten Kinder waren blass und eingefallen von den Wochen der Krankheit und des Hungers. Aber was tat es? Wir waren vor den Toren unserer neuen Welt angekommen und ich stellte fest, dass ich bis oben hin voll freudiger Erwartung war.

11. Kapitel

Purrkin

Obgleich das Schiff anlegte, um neue Vorräte aufzunehmen, stieg keiner der Passagiere aus. Stattdessen verbrachten wir alle noch viele Tage auf dem St.-Lorenz-Strom, den wir hinauffuhren. Er schien so groß wie das Meer und zuweilen auch ebenso stürmisch zu sein. Aber weiter stromaufwärts gab es viel zu sehen – kleine Inseln, gelegentlich Häuser, Kinder, die uns vom Ufer zuwinkten, Abertausende von dunklen Bäumen, die ganz eng beieinander standen. So viele Bäume! In Glen Buchan gab es gar keine. Ich fühlte mich unbehaglich und fand, dass diese Bäume unfreundlich aussähen. Man konnte sich zwischen ihnen verirren …

Alle waren ungeduldig.

»Ich hab diesen Fluss so satt«, platzte Charlie eines Tages heraus. »Wie viele Kilometer haben wir noch vor uns, Vater?«

Vater grinste und zog ihn freundlich am Ohr. »Sogar nach unserer Landung haben wir noch einen langen Weg vor uns«, sagte er. »Und viele Meilen wirst du zu Fuß gehen müssen. Du wirst dir wünschen, das Schiff hätte uns bis nach Toronto hinunter bringen können.«

»Ich nicht«, erklärte Charlie. »Ich geh lieber zu Fuß. Gehen macht mir Spaß.«

»Ich auch«, sagte ich vorschnell.

»Ich werd's mir merken«, sagte Vater mit einem verschmitzten Lachen in den Augen.

Schließlich legte das Schiff in Montreal an und wir konnten es endlich verlassen. Die Erwachsenen waren allerdings besorgt über die Cholera, die kurz vor unserer Ankunft unter den Einwanderern in der Stadt gewütet hatte. Der Kapitän versicherte allen, dass das Schlimmste vorbei sei und wir keine Angst zu haben brauchten, solange wir darauf achteten, uns im Freien aufzuhalten, und uns nirgends einquartierten, wo die Krankheit sich eingenistet hatte.

»Elspet Mary, komm, wir gehen an Land und da bleiben wir auch«, sagte Mutter mit einem Lächeln. Sie sah an Hughs schwarzhaarigem Kopf vorbei zu mir herab, als wartete sie darauf, dass ich zurücklächelte.

Ich dachte an Granny Ross, die mir nahe gelegt hatte vergnügt zu sein, und grinste. Hamish und Charlie rannten voraus und drängten sich durch die ungeduldige Menge. Ich vergaß alle Zurückhaltung und rannte ihnen nach. Dabei rutschte ich auf der Gangway aus und plumpste beinah ins Wasser.

»Langsam, Mädchen«, lachte Mutter. »Wir gehen nicht ohne dich, ich versprech's dir.«

Vater nahm mich auf den Arm und trug mich sicher über die federnde, hohl klingende Landeplanke. Er setzte mich auf festem Boden ab und beobachtete ebenso interessiert wie seine Söhne das lebendige Treiben der Hafenstadt. Dann fiel ihm wohl wieder ein, dass ich neben ihm stand und die ganze Reise bisher mit großem Widerstreben mitgemacht hatte. Er bückte sich zu mir herab und sagte: »So, jetzt bist du in Kanada, Elspet Mary Gordon. Du bist in der Neuen Welt angekommen. Wie gefällt sie dir?«

Ich war von dem Treiben und dem Gedränge so überwältigt, dass mir keine Antwort einfiel. Meine großen Brüder standen in der Nähe und bestaunten mit runden Augen die Steinhäuser und die vielen Leute, die sich in den Straßen drängten. Ich wollte zu ihnen hinübergehen, stolperte dabei wieder und verlor beinahe das Gleichgewicht. Der feste Boden fühlte sich außerordentlich schwankend unter meinen Stiefeln an.

»Nun musst du deine Beine für den Landgang rüsten«, sagte Vater und klopfte mir auf die Schultern. Er wartete, bis Mutter und Hugh herangekommen waren.

»Wartet hier und bleibt zusammen«, sagte er dann zu uns.

Das war ein Befehl. »Ich muss mich darum kümmern, dass sie unsere Taschen und Kisten ausladen und zu den Postkutschen bringen. Halt den kleinen Hugh gut fest, Ailsa. Jemand könnte ihn mitnehmen, wenn er hier frei herumläuft.«

Hugh bekam Augen so groß wie Teller, während Vater wegging. Mutter schnaubte missbilligend, aber sie packte Hugh doch fester an der mageren Schulter.

Wir fünf machten ein paar Schritte zur Seite, weg von dem großen Strom, und warteten dort auf Vaters Rückkehr. Es war ein sengend heißer Tag. Der Krach vom Hafen war ohrenbetäubend, aber zugleich auch faszinierend. Der Wind roch nach Fisch, nach geteerten Tauen und anderem, was ich nicht ausmachen konnte. Eine dunkelhäutige Frau näherte sich uns mit verschiedenen Körben, die ihr an den Armen und vom Rücken baumelten. »Brauchen Sie einen Korb?«, fragte sie Mutter mit einer weichen Stimme.

Mutter stach ein größerer Korb mit einem Deckel in die Augen und sie kaufte ihn schließlich für ein paar Cent. Wir Kinder starrten die Frau mit den Körben mit weit aufgerissenen Augen an – wie es Hugh immer machte. Wir hatten bis zum Verlassen unseres Dorfes nur Weiße gesehen. Auf dem Schiff hatten ein paar dunkelhäutige Seeleute gearbeitet, aber das waren Spanier gewesen. Konnte diese Frau hier eine Indianerfrau sein?

»Der Korb ist ausgezeichnet gearbeitet«, sagte Mutter

lächelnd. Dann warf sie uns einen Blick zu, der hieß, wir sollten uns gefälligst benehmen und aufhören zu glotzen.

»War das eine Rothaut?«, flüsterte Charlie, sobald die Frau weitergegangen war, um anderen Passagieren ihre Körbe zu zeigen.

»Sie war braun, nicht rot«, sagte ich.

»Haltet den Mund, alle miteinander. Wo kann denn bloß William stecken?«, sagte Mutter ungehalten. Sie war inzwischen müde und erhitzt von dem ganzen Rummel.

Wir hielten den Mund, folgten aber der Indianerin mit den Augen, während sie durch die Menge ging. Und dann flog ganz plötzlich und quasi aus dem Nirgendwo ein mageres schwarzweißes Kätzchen durch die Luft. Es landete auf seinen winzigen Pfoten, direkt vor meinen Stiefelspitzen, und miaute kläglich.

»Dieser Mann hat es getreten«, rief Charlie empört und zeigte mit dem Finger auf einen riesigen Menschen.

Der ungehobelte Kerl fluchte und schrie etwas von »Ich hab in diesem bescheuerten Land genug Pech gehabt. Schafft mir dieses Unglücksbiest aus den Augen oder ich dreh ihm den Hals um«, aber ich wartete nicht, bis er fertig war. Ich bückte mich blitzschnell und brachte das Kätzchen in Sicherheit.

»Armes Kätzchen«, sagte ich leise und sah über seinen Kopf hinweg den grausamen Mann feindselig an.

Als wisse es, dass ich es retten würde, streckte mir das Kätzchen seine Pfoten entgegen und klammerte sich an mich. Es war nur Haut und Knochen und wog sicher weniger als eine Maus. Ich hob es hoch und es vergrub seinen kleinen Kopf in meiner Halskuhle. Schließlich begann es zu schnurren. Es war ein unglaublich lautes Schnurren für so eine winzige Katze.

Ich musste lächeln. »Du klingst wie Furkin«, sagte ich leise. »Hab keine Angst, kleine Miez. Ich werd mich um dich kümmern. Niemand soll dir noch mal wehtun.«

»Elspet, was machst du denn mit dieser Katze?«, sagte Hamish. Es klang barsch, aber ich wusste, dass er ebenso wie Charlie und Hugh auf meiner Seite sein würde, wenn ich mich entschloss, für das Kätzchen zu kämpfen.

»Setz das Kätzchen auf den Boden, Liebling«, sagte Mutter. »Dein Vater wird gleich hier sein. Wir brauchen einen Wagen, der uns zur Postkutsche bringt. Wir haben heute noch einen langen Weg vor uns und können uns nicht mit einer streunenden Katze belasten, ganz egal, wie dünn sie ist.«

Ich machte ein bockiges Gesicht und schaute Mutter in die Augen. »Dieses Kätzchen ist völlig ausgehungert und verletzt ist es auch. Es kommt mit uns. Es gehört mir«, sagte ich entschieden.

»O Kind, nun sei doch gescheit«, sagte Mutter mit einer

gewissen Schärfe, die auf ihre Müdigkeit zurückging. »Wir können doch keine Katze auf unserer Reise gebrauchen. Als hätten Vater und ich nicht schon genug damit zu tun, euch Kinder im Auge zu behalten …!«

»Wir könnten es versuchen«, sagte Vater, der plötzlich wieder aufgetaucht war. In seiner Begleitung war ein Mann mit einem Wagen.

Ich erschrak so gewaltig, dass ich beinahe die Katze fallen gelassen hätte.

»Du machst wohl Witze«, sagte Mutter daraufhin und sah ihn kalt an.

»Wir brauchen aber eine Katze, Ailsa. Ich dachte, ich würde später eine besorgen, aber vielleicht hat unsere Elspet inzwischen schon genau das Kätzchen gefunden, das unsere vielen Mäuse in Schach hält. Hast du bereits einen Namen für den kleinen Kater, Elspet?«

»Purrkin«, sagte ich.

»Na ja. Aber du musst dich um ihn kümmern, bis wir ankommen«, sagte Vater. »Und jetzt steig auf den Wagen. Der bringt uns zur Poststation. Du auch, Charlie.«

Er half Mutter hinauf. Sie sagte kein Wort, aber wir Kinder wussten alle, dass sie ärgerlich war. Wir saßen mit gesenkten Augen brav auf dem Wagen und gaben uns große Mühe, nicht zu grinsen. Als sich Vater heraufschwang, beugte er sich zu mir herüber und sagte leise: »Keine weiteren Katzen mehr, Elspet Mary, ganz egal, wie dürr sie sind. Mein Glück steht auf dem Spiel.«

Ich strahlte ihn an. Ich war überglücklich. So glücklich war ich nicht mehr gewesen seit dem Tag, an dem Vater nach Hause kam, und das war vor vielen Wochen gewesen. Ich drückte Purrkin fest an mich, während der Wagen über die Straße holperte und hin und her ruckelte. Das magere Kätzchen wand sich, machte aber keinen Versuch zu fliehen. Es wusste, dass es mir gehörte. Es wusste, dass es bei mir in Sicherheit war.

12. Kapitel

Der letzte Teil der Reise

Während wir auf dem Wagen durch die Stadt fuhren, saß Mutter unbewegt wie eine Statue da und hielt den Korb auf ihren Knien mit beiden Händen umklammert. Die Haube verbarg ihr Gesicht, aber ich wusste, dass sie auf Vater und mich immer noch wütend war.

Ich streichelte Purrkins kleinen Kopf mit der Fingerspitze. Wie ich wünschte, dass Mutter mir wieder gut wäre! Sie verlor so selten die Fassung, dass wir nicht wussten, wie wir darauf reagieren sollten. Maggie MacTavish zuckte nicht mit der Wimper, wenn ihre Mutter tobte, weil sie es den ganzen Tag lang und jeden Tag tat. Aber unsere Mutter war anders.

»Sie haben einen schönen Tag erwischt«, bemerkte der Fuhrmann. »Gestern hat es wie aus Kübeln geschüttet.«

Vater räusperte sich und sagte: »Es muss ziemlich hart sein, wenn man in diesem fremden Land bei strömendem Regen ankommt.«

»Darauf können Sie wetten, Mister«, sagte der Fuhrmann lachend. »Wohin wollen Sie denn?«

»Nach Süden«, sagte mein Vater, »Bezirk Nichol. Mein Bruder und mein Neffe sind schon da.«

»›The Queen's Bush‹ sagen die Leute dazu«, antwortete der Fuhrmann, als kenne er die Gegend wie seine Hosentasche. »Ich habe für manch eine Familie, die dahin wollte, schon Sachen transportiert.«

Keiner von uns sagte etwas. Wir schwiegen beharrlich, trotz des turbulenten Treibens, trotz der Geräusche in den Straßen und auf den Plätzen, durch die wir fuhren.

Vater begann »Flow Gently, Sweet Afton« zu pfeifen, überlegte es sich dann aber nach vier oder fünf Takten anders. Es war Hugh, der das Schweigen schließlich brach. »Das ist meine Katze!«, sagte er mit funkelnden Äuglein.

Ich machte schon den Mund auf, um laut »nein« zu schreien, da drehte sich Mutter nach mir um und warf mir einen eisigen Blick zu.

»Du kannst sie mit mir zusammen haben, Hugh«, sagte ich schnell. »Aber ich hab sie gerettet und deshalb gehört sie hauptsächlich mir.«

Mutters Haube verbarg aufs Neue ihr Gesicht, als sie sich abwandte. Wieder trat dieses gespannte Schweigen ein.

»Ich möchte einen Hund wie den alten Shep«, platzte Charlie heraus, der das Schweigen nicht länger ertrug.

»Ich auch«, stimmte Hamish etwas zu laut ein. »Der gute alte Shep.«

»In unserem neuen Heim haben wir bereits einen Hund, der Shep so ähnlich ist, dass er ein Zwilling von ihm sein könnte«, sagte Vater. »Hab ich euch das noch nicht erzählt? Er wartet bei Onkel Thomas auf euch. Er erinnert mich an dich, Ailsa. Er ist halsstarrig und er ist gescheit. Schön ist er auch.«

Daraufhin gab Mutter mit einem plötzlichen Auflachen nach. »Ein Glück, dass ich schottische Collies mag«, sagte sie. »Ich wollte den Korb eigentlich für Esssachen benutzen, aber ich hab mir's anders überlegt. Elspet, du kannst ihn für dein Kätzchen haben. Vielleicht kommt es dadrin unbeschadet und mit all seinen Barthaaren in unserem neuen Heim an. Ich geb ihn dir, wenn wir bei den Postkutschen ankommen.«

Der Kutscher zog an den Zügeln, und das alte Pferd blieb vor einem Gebäude stehen. »Wir sind angekommen, Freunde«, sagte er. »Viel Glück, wo immer ihr landet. Ihr seid in ein großartiges Land gekommen, ihr werdet sehen.«

Vater gab ihm einen Sixpence Trinkgeld, weil er uns so nett aufgeheitert hatte. Wir kletterten hinunter und sahen uns nach der Postkutsche um. Aber keine einzige war zu sehen. Wir mussten also wieder warten. Reisen hieß offenbar, dass man sich die Hälfte der Zeit bewegte und die andere Hälfte wartete.

Die Leute, die mit uns herumstanden, redeten von all den Einwanderern, die entweder schon auf dem Schiff oder kurz nach ihrer Ankunft an Cholera gestorben waren. Sobald mein Vater sagte, wir kämen aus Schottland, sahen uns unsere Mitreisenden von oben bis unten an.

Mich musterten sie dabei ganz besonders. Ich verstand das zwar nicht, aber irgendwie fühlte ich mich unbehaglich. Schließlich sagte Mutter etwas aufgebracht: »Unsere Tochter sieht zwar ein bisschen spitz aus, aber ich versichere Ihnen, sie ist vollkommen gesund. Ihr Magen dreht sich um, wenn sie auf einem holpernden Wagen sitzt, das ist alles.«

Einige der Reisenden hatten den Anstand rot zu werden und wegzusehen. Alle schienen erleichtert.

»Haben die wirklich gedacht, ich hätte Cholera?«, flüsterte ich meiner Mutter zu.

Sie nickte fast unmerklich.

Ich wollte lachen, aber stattdessen musste ich mich anstrengen um frisch und gesund auszusehen. Ich wusste, dass ich mager war und wahrscheinlich von der Fahrt auf dem Wagen ein bisschen grün im Gesicht, aber ich fand, die Leute seien dumm. Dann blickte ich in das Gesicht meiner Eltern und entdeckte auch bei ihnen Angst – und verbiss mir jede Anwandlung von Heiterkeit. »Ich fühle mich völlig in

Ordnung«, erklärte ich in einem Ton, der alle Umstehenden, die es hören wollten, beruhigen sollte.

Dann fiel mein Blick auf Purrkins spitze Ohren. Jetzt, wo das Kätzchen mir sicher war, konnte einfach nichts Schreckliches mehr passieren. Der Herr im Himmel würde uns nicht sicher über diesen großen, gefährlichen Ozean geleitet haben, um mich dann an Cholera sterben zu lassen. So viel Vertrauen in die Vorsehung besaß ich.

»Es dauert mindestens noch eine Stunde«, erklärte ein Stalljunge meinem Vater.

»Dann wollen wir etwas essen«, sagte Mutter. »Wir brauchen ja nicht in den Gastraum hineinzugehen. Wer weiß, welche Pest vielleicht darin lauert? Hamish, beleg nicht den ganzen Holzstoß. Mach Platz für Charlie.«

Hamish rückte folgsam zur Seite. Mutter setzte sich auf den Rand des steinernen Pferdetrogs. Hugh, Purrkin und ich ließen uns im Gras zu ihren Füßen nieder. Dann wandte sie sich an Vater. »Kannst du uns etwas Cider besorgen, William? Und wir brauchen Brot, Käse und vielleicht auch ein Stück Fleisch. Bei dem Gedanken an frisches Fleisch läuft mir das Wasser im Mund zusammen.«

»Hamish, du musst wohl mitkommen. Ich brauch jemanden, der mir dieses Festmahl tragen hilft«, sagte Vater.

Uns allen lief das Wasser im Mund zusammen, während wir auf die Tür, durch die die beiden verschwunden waren, starrten. Schließlich kamen sie mit Leckerbissen beladen zurück. Vater trug einen Krug mit Cider, einen halben Laib Brot und eine noch warme Schweinepastete. Hamish kam mit einem halben Dutzend hart gekochter Eier. Er hatte auch für jeden einen Marmeladenkrapfen. Die Jungen verschlangen im Nu etliche Scheiben der Pastete und leckten gierig die letzten Tropfen Fett von den Fingern. Ich hätte auch gerne mitgehalten, konnte aber mein kostbares Kätzchen nicht absetzen.

Mutter reichte mir den neuen Korb. »Tu die Katze darein und dann iss«, sagte sie.

»Danke, Mutter. Danke, Vater«, sagte ich zärtlich. Ich liebte sie so sehr, dass ich sie augenblicklich umarmt hätte, wenn ich nicht in der einen Hand den Korb und in der anderen meine Katze gehabt hätte.

»Komm, ich mach dir den Korb auf«, sagte Vater, der meine Schwierigkeiten sah. »Setz sie rein. Gut so. Und nun wartet alle, wir wollen beten und dem Herrn danken, dass er uns sicher den ganzen Weg bis hierher geleitet hat.«

Die Jungen kauten und schluckten in großer Eile und Mutter wollte zwar gerade ein Stück Käse in den Mund schieben, legte es aber schnell wieder zurück. Wir alle senkten folgsam den Kopf, während Vater ein Gebet sprach. Da er auch Hunger hatte, fiel sein Gebet recht kurz aus, und das war uns sehr lieb.

Purrkin war überrascht, dass er eingesperrt wurde, aber ich ließ ein Stück Kruste von der Pastete und einen Happen Brot in den Korb fallen und er fiel darüber her und protestierte auch nicht, als ich den Deckel zuklappte.

Ich verzehrte voller Wonne meinen Teil der Köstlichkeiten und musste an Furkin zu Hause in Schottland denken. Zum ersten Mal konnte ich mir vorstellen, dass er zufrieden zusammengerollt im Schoß von Granny Ross lag – so friedlich, wie ich mich hier in der Sonne fühlte mit Purrkin in seinem Korb und dem frischen, wohlschmeckenden Essen in der Hand.

Nach einer langen Wartezeit holperte unsere Postkutsche schließlich in die Station. Die neu Angekommenen stiegen aus und gingen in den Gastraum um zu essen und zu trinken. Frische Pferde wurden angeschirrt, das Gepäck aufgeladen. Der Kutscher stand herum und schwatzte mit den Männern im Büro.

Es dauerte über zwei Stunden, ehe wir schließlich auf dem Weg waren.

Die Kutsche ruckelte gewaltig. Die Straße war uneben, und je weiter wir uns von Montreal entfernten, desto wilder erschien die Landschaft – so weit wir sehen konnten, gab es Bäume und noch mal Bäume. Die Jungen und Vater waren zum Kutscher hinaufgestiegen, Mutter, Purrkin und ich jedoch saßen im Inneren. Mir war bald wieder schlecht und

Mutter bemerkte, dass sich mein Gesicht weißgrün verfärbte. »Helfen Sie mir doch, dieses Fenster aufzumachen, bevor ihr übel wird«, sagte sie zu einem stämmigen Bauern, der uns gegenübersaß.

Die beiden kämpften gemeinsam mit dem Fenster, bis es schließlich aufging. Trotz des Staubes, der in die Kutsche drang, half die frische Luft meinen Magen zu beruhigen. Purrkin würgte ebenfalls, schlief aber darüber ein. Er war ein gescheiter kleiner Kater.

Die Nächte verbrachten wir in Rasthäusern; die Betten waren voller Wanzen, und da Purrkin natürlich Flöhe hatte, konnten wir gar nicht mehr aufhören uns zu kratzen.

Nach vielen anstrengenden Meilen rief Vater schließlich zu uns herunter: »In ein paar Stunden sind wir in Kingston am Ontariosee.«

»Gott sei Dank!«, sagte Mutter. »Wenn ich denke, dass ich früher immer reisen wollte! Und jetzt will ich nichts weiter als zweimal hintereinander im selben Bett schlafen.«

Über den Ontariosee fuhren wir mit einem Dampfer. Der See sah so groß aus wie das Meer.

Purrkin wollte aus seinem Korb heraus, scharrte am Deckel und jaulte. Schließlich hob ich den Deckel ein bißchen, um das Tierchen zu kraulen. Es machte sich dünn wie ein Strich und war weg, ehe ich mich's versah.

»Mach kein solches Affentheater«, sagte Vater gereizt.
»Da der Kater bestimmt nicht schwimmen will, finden wir ihn wieder. Er wird nicht vom Schiff springen.«

Ich weinte ganz fürchterlich und war über die Herzlosigkeit meines Vaters schockiert.

Die ganze Familie machte sich auf die Suche. »Ich hab ihn!«, sagte Hamish eine Stunde später ziemlich verdrießlich. Aber ich wusste, dass er genauso erleichtert war wie ich. »O Hamish, vielen Dank«, sagte ich aus tiefstem Herzen.

Schließlich legten wir in Toronto und später am Tag bei einer kleinen Stadt namens Hamilton an.

»Von hier aus müssen wir zu Fuß gehen«, sagte Vater. Das klang richtig vergnügt. Wie Charlie und ich hatte Vater es verabscheut, auf schlechten Straßen in der Postkutsche durchgerüttelt zu werden.

Charlie und Hamish jubelten vor Begeisterung.

»Wir brechen morgen früh auf«, sagte Vater. »Die Nacht werden wir hier am Kai verbringen. Es gibt keine Zimmer und außerdem müssen wir etwas sparsam sein. Hier draußen gibt es dafür keine Wanzen.«

Das stimmte. Es war merkwürdig, auf der hölzernen Anlegestelle unter den Sternen zu schlafen. Ein paar Insekten entdeckten uns und kamen angeschwirrt, um unser Blut zu saugen, aber nach einer Weile schienen sie aufzugeben.

»Sind die Sterne hier dieselben wie in Schottland?«, fragte ich.

»Schau hinauf«, sagte Vater gähnend.

Ich blickte hinauf in den Sternenhimmel und fand nach und nach meine Sterne wieder. Der Große Wagen, Orion, die Milchstraße. Es war eine große Beruhigung, sie so unverrückt am Himmel strahlen zu sehen. An meine Mutter gekuschelt glitt ich schließlich in den Schlaf.

Gellendes Gelächter von Charlie weckte mich. Hamish hatte sich im Schlaf gedreht und war hochgeschreckt, weil er mit den Füßen im See gelandet war. Seine Stiefel und Hosenbeine waren klitschnass. Als er aufstand und zu gehen versuchte, machten seine Füße ein quatschendes Geräusch.

»Ich vermute, du wirst barfuß gehen müssen«, sagte Vater.

Die Jungen jubelten wieder. Ich schaute sehnsüchtig meine Eltern an.

»Nein, Liebling, du nicht. Auch Hugh nicht. Eure Fußsohlen sind nicht abgehärtet nach so vielen Wochen auf dem Schiff. Ihr werdet es sehen«, sagte Mutter entschieden.

Von da an marschierten wir. Wir passierten zunächst freundliche Felder, dann führte die Straße, die immer enger wurde, in wilderes Land hinein. Unser Hausrat wurde uns auf einem Ochsenkarren nachgebracht, den zwei riesige Tiere zogen. Sie gingen allerdings noch langsamer als wir.

»Das sind doch lahme Enten«, meinte Hamish. »Ich kann viel schneller gehen als die.«

Der Fuhrmann grinste von seinem Wagen herab. »Sie können aber viel weiter gehen als du, Junge«, sagte er mit einer behäbigen Stimme. »Der eine heißt Amble und der andere ist Meander. Meine Frau hat sie so getauft. Sie brauchen sich nie auszuruhen. Sie sind nie erschöpft und beklagen sich auch nie über Blasen an den Füßen.«

»Ich auch nicht«, sagte Hamish etwas vorschnell.

Er tat es dann doch, und obwohl die Blasen wehtaten, war er auch stolz auf sie. Er und Charlie wetteiferten geradezu, wer von ihnen beim nächsten Halt die meisten und größten vorweisen konnte.

Vater begann zu singen, als die Erschöpfung unseren Schritt verlangsamte. Das Singen half uns, unser Tempo aufrechtzuerhalten. Es ist erstaunlich, wie so ein Lied doch die Stimmung heben kann.

»Führ uns, o du großer Gott Jehova, die wir Pilger sind in ödem Land.« Das Lied drückte am ehesten aus, wie wir uns wirklich fühlten.

»Wann kommen wir endlich an?«, fragte ich zum hundertsten Mal.

»Red nicht, marschier weiter«, sagte Vater kurz angebunden.

Als ich die Tränen nicht mehr zurückhalten konnte, langte

er zu mir herüber und nahm mir Purrkins Korb ab. Ich wischte mir mit meinem staubigen Ärmel die Wangen ab und lächelte unsicher. Ich war zwar hingerissen von Purrkin, aber dieses winzige Kätzchen und dieser mittelgroße Korb waren inzwischen so schwer geworden, dass ich die allergrößte Lust hatte, beides fallen zu lassen und erleichtert weiterzugehen. Die Jungen mussten auch irgendwelche Sachen tragen. Vater oder Mutter trugen Hugh, wenn er wirklich unleidig wurde. Wenn er einschlief, machte der Fuhrmann in dem aufgetürmten Gepäck auf dem Ochsenkarren ein Plätzchen frei.

Wir schliefen im Freien, und zur Abwechslung war es mal ein Vorteil, ein Mädchen zu sein. Mutter und ich durften unter dem Karren schlafen und wurden so von dem Regenschauer verschont, der eines Nachts die anderen fast ertränkte. Die Jungen drängten sich unter den Karren, aber Vater blieb wacker und völlig durchnässt die ganze Nacht bis zum nächsten Morgen im Freien.

Wir brauchten vier Tage für diesen Rest der Reise. Ich schleppte mich mit gesenktem Kopf weiter und gab mir die größte Mühe, nicht wie ein Kleinkind zu plärren.

Am Nachmittag des vierten Tages kamen wir zu einem Schlammpfad, der in einen dichten Wald führte.

»Wenn wir forsch gehen, sind wir zur Abendessenszeit da«, sagte Vater zu uns. »Dies ist der Weg, dem wir folgen müssen. Er führt direkt zu unserem eigenen Blockhaus.«

Wir schauten auf den unebenen Pfad, der sich im Wald verlor. Ich war froh, dass die Bäume inzwischen weniger bedrohlich geworden waren. Die Tatsache, dass Blauhäher, Spatzen, Krähen und Finken in ihren Ästen ein und aus flogen, hatte mir die Bäume ein wenig vertrauter gemacht. Ich beobachtete, wie ein Eichhörnchen an einem hohen Stamm hinaufkletterte und dann auf einen größeren Ast hinauslief, von wo es dann von Zweig zu Zweig sprang. Darüber vergaß ich fast meine schmerzenden Füße. In unserem Tal zu Hause hatte ich so dreiste und tollkühne Tiere nie gesehen.

»Dieser kleine Pfad hier?«, fragte Charlie.

Vater lachte. Er klang nun nicht mehr müde. »Hört ihr?«, sagte er. »Die Axt, das ist vielleicht Thomas, der Holz hackt für den Herd.«

»Also, auf geht's!«, schrie Hamish, der plötzlich zum Leben erwachte. »Wer als Erster zu Hause ist, Charlie!«

»Ich bin dabei!«, rief Charlie zurück.

Und die beiden rannten davon, als seien sie gerade nach einer angenehmen Nacht in einem bequemen Bett aufgewacht.

13. Kapitel

Keine Nachbarn

»Jungs, kommt zurück«, brüllte Vater lachend. »Ihr dürft schon rennen, aber nicht mit leeren Händen. Denkt doch ein bisschen nach!«

Die Jungen kamen maulend zurück.

»Jeder von euch großen Jungen trägt eine Schachtel oder eine Tasche«, sagte Vater. »Wir haben noch etwa eine Meile vor uns. Ich nehme Hugh, und Elspet trägt Purrkin. Thomas, Malcolm und ich gehen dann zurück und holen den Rest unserer Sachen. Natürlich helfen uns Charlie und Hamish! Ailsa, guck nicht so. Es ist vernünftiger, als es klingt.«

»Ich weiß«, sagte Mutter mit einer vor Erschöpfung schleppenden Stimme. »Mach dir keine Sorgen, William. Ich finde das alles prima – sobald ich mich hinsetzen kann. Ich glaube, ich hab mehrere Blasen an den Füßen. Große, saftige Blasen.«

Beide Jungen stöhnten. Diesmal war ich richtig froh, ein Mädchen zu sein.

Der Fuhrmann des Ochsenkarrens lachte und holte seine Pfeife heraus. »Ich pass schon auf, dass niemand, der hier vorüberkommt, sich mit Ihren Sachen davonmacht«, sagte er gemütlich.

Trotz der Lasten, die sie zu tragen hatten, rannten die beiden Jungen voraus. Ich schleppte Purrkin, merkte inzwischen aber gar nicht mehr, wie schwer der Kater war, obgleich er zugenommen hatte, seit ich ihn in Obhut genommen hatte. Schließlich umrundeten wir den letzten Hügel, gingen eine Zeit lang bergab und schauten dann durch die Bäume.

Vor unseren Augen befand sich eine gemütliche Blockhütte und Onkel Thomas stand im Hof davor und hackte Holz. Ein Hund, der Shep so ähnlich war, dass ich zweimal hinsehen musste, kam uns entgegengerannt. Malcolm, der gerade Wasser aus einem Bach geholt hatte, ließ seinen Eimer fallen und stieß einen Freudenschrei aus.

»Willkommen zu Hause«, schrie Onkel Thomas und hüpfte dabei auf und ab wie Charlie. »Lass den Eimer stehen, Malcolm. Das Wasser ist jetzt nicht so wichtig. Charlie und Hamish holen nachher sicher mit Vergnügen welches!«

»Willkommen, Onkel William«, sagte Malcolm. »Willkommen in Kanada, Tante Ailsa.«

»Und Vetter Hamish, sagst du dem auch Willkommen?«, fragte Hamish.

»Und Charlie und Hugh und Elspet Mary?«, ergänzte Charlie lachend.

Malcolm machte einen Satz auf ihn zu und wollte ihm einen Stoß versetzen. Dabei stolperte er über eine Wurzel und landete der Länge nach vor Mutters Füßen. »Sind wir uns nicht schon mal begegnet, Mädchen?«, sagte er und grinste zu ihr hinauf.

Er sprang auf, während wir alle lachten, und drückte sie, bis sie ihn bat aufzuhören. Und dann folgte ein allgemeines Umarmen. Alle redeten zugleich. Die Jungen rannten herum und erkundeten die Umgebung. Ich folgte Mutter zur Tür und sah zu, wie sie den Riegel hob. Zusammen betraten wir beide unser neues Heim. Jede von uns wusste, dass dies ein feierlicher und wichtiger Augenblick war.

Im Innern war viel weniger Platz als in unserem Häuschen in Schottland. Der Wohnraum, erfuhr ich später, war etwa fünf Meter lang und drei Meter sechzig breit. Er besaß eine primitive Feuerstelle mit einem Schornstein für den Rauch. Außerdem standen darin ein Brettertisch mit zwei Bänken, ein großes Bett, unter das ein kleines geschoben war, und ein paar grob gezimmerte Regale. Darüber war ein Dachboden, zu dem eine Leiter hinaufführte.

Später entdeckte ich ein Nebengebäude, das viel kleiner war als das Haupthaus und an die hintere Wand angebaut war. Darin befanden sich ein Holzstoß, ein hölzernes Bettgestell, ein paar Werkzeuge und anderer Kram, aber es sah noch nicht fertig aus.

Ich schaute mich nicht sehr sorgfältig um. Obgleich alles faszinierend war, wollte ich jetzt gleich noch nicht alles erkunden. Stattdessen kniete ich mich neben dem Herd auf den Boden und öffnete den Deckel von Purrkins Korb.

»Lauf nicht davon, Kätzchen«, sagte ich zu den großen, goldbraunen Augen. »Dies ist dein neues Zuhause. Vergiss nicht, du gehörst hierher ...«

Ich hätte daran denken sollen, wie der kleine Kater auf dem Schiff verloren gegangen war, und hätte darauf achten müssen, die Tür der Hütte hinter mir zu schließen. Aber sie stand offen, und schnell wie der Blitz sprang Purrkin aus dem Korb und verschwand in dem Kornfeld vor dem Haus, das Onkel Thomas gerodet und eingesät hatte.

Würde der Kater in den Bäumen verschwinden, die dahinter wie ein Dickicht zusammenstanden? Mir wurde ganz anders. Es war alles meine Schuld. Nun würden Wölfe und Bären sich über Purrkin hermachen. Wieso hatte ich die Tür nicht zugemacht? Wenn Purrkin nicht mehr nach Hause kam, dann war ich daran schuld. Wenn er nicht mehr nach Hause kam ...

»Mach kein solches Gesicht, mein Lämmchen. Der kommt schon wieder«, sagte Mutter. Sie ließ sich auf einen Schemel neben dem Herd fallen, in dem zu unserem Empfang ein Feuer brannte. »Mach dir keine Sorgen. Sobald ich mich wieder ein bisschen berappelt hab, richte ich für Purrkin einen Teller mit Fressen her.«

»Aber dieser Hund wird Purrkin erledigen«, jammerte ich. Mir war gerade der draußen herumlaufende Collie eingefallen.

»Unsinn. Hat denn Shep Furkin gefressen? Laddie wird sofort sehen, daß Purrkin noch ganz klein ist. Ich bin ganz sicher, dass er ihm kein Haar krümmen wird«, sagte Mutter. Sie warf ein Birkenscheit in das sinkende Feuer und entfachte es wieder.

Ich rieb mir die Tränen mit den Knöcheln aus den Augen und verschmierte mir dabei das ganze Gesicht mit Ruß. Ich betete, der liebe Gott, der mich sicher durch die halbe Welt geleitet hatte, möge meinen Kater retten.

Dann ertönte ein mächtiges Gelächter an der Tür.

Hereinspaziert kam ein stolzer Purrkin, der eine winzige Maus im Maul hatte. Direkt hinter der Katze folgte Laddie, der sichtlich beeindruckt war.

Purrkin ließ die Maus fallen, sobald wir sie gesehen hatten. Er sah entschieden selbstgefällig drein und schenkte Mutter keinerlei Beachtung, als sie den schlaffen Körper der Maus an dem dünnen Schwanz aufhob und aus dem Zimmer ins Freie warf. Laddie rannte hinaus um die Maus zu untersuchen, aber Purrkin blieb am warmen Feuer stehen. Er geruhte gnädig, das eingeweichte Brot zu fressen, das Mutter auf einen Blechteller gelegt hatte.

»Wir könnten ihm doch auch Milch geben«, bettelte ich.

Vater kam herein und antwortete, ehe Mutter etwas sagen konnte. »Die Milch müssen wir für euch Kinder aufheben. Das Kalb braucht auch ein bisschen. Purrkin ist an Abfälle gewöhnt, das weißt du doch. Er wird uns bald von den vielen Mäusen befreit haben. Sie sind eine große Plage. Außerdem trinken Katzen Wasser.«

Jetzt, nachdem sich Purrkin eingerichtet hatte, zog ich los, um Haus und Hof zu erkunden. Ich folgte Hamish in den Kuhstall, den die Männer gebaut hatten. Eine Kuh mit freundlichen Augen stand darin, zusammen mit einem Kalb. Sie sahen mich ohne Überraschung an, fast, als seien wir alte Freunde.

»Malcolm hat beiden einen Namen gegeben«, sagte Hamish mit einem boshaften Grinsen. »Die Kuh heißt Margaret und das Kalb Molly.«

Ich kicherte. Was würde wohl Granny Ross zu einer Kuh sagen, die ihren Namen trug? Ich bezweifelte, dass sie wirklich etwas dagegen hätte, aber die Nase würde sie wohl rümpfen. Und Tante Molly würde missbilligend gucken. Malcolms Mutter hatte nicht annähernd denselben Sinn für Humor wie unsere.

Ich ging wieder ins Freie und schaute mich nach anderen

Häusern und Nachbarn um. Aber wohin ich auch blickte, gab es Bäume und Unterholz. Nirgends ein Hinweis auf andere Häuser. Die Bäume um die Lichtung herum bildeten eine grüne Wand, die undurchdringlich war.

»Wo sind die Nachbarn, Vater?«, fragte ich.

»Bisher sind hier noch keine Nachbarn, Mädchen. Aber eines Tages werden welche kommen. Und Thomas und ich besitzen zweihundert Morgen Land. Es gehört uns. Wir helfen mit, ein neues Land in dieser Wildnis aufzubauen. Denk dran.«

Eingedenk Grannys Ratschlag, nicht herumzumaulen, zwang ich mich zu einem Lächeln. Ich versuchte sogar, froh darüber zu sein. Vermutlich war es ja schön, so allein hier zu wohnen. Aber die großen dunklen Bäume machten die Gegend trotz der Vögel und Eichhörnchen so anders als das harmlose Land um Glen Buchan. Nie würde ich mich hier zu Hause fühlen können! Und ich brauchte ein Mädchen als Freundin. Irgendwo in Vaters neuer Welt musste es doch so ein Mädchen geben, oder?

14. Kapitel

Der Hahn kräht

———

Als wir damit fertig waren, unsere Sachen ins Haus zu schaffen, war die kleine Blockhütte bis zum Dach mit Menschen und deren Besitztümern voll gestopft. Ich sollte in dem kleinen Bett neben dem großen mit meinen Eltern und Hugh schlafen. Die größeren Jungen mussten auf Strohmatten auf dem Dachboden liegen. Onkel Thomas und Vetter Malcolm schliefen bereits da oben. Charlie und Hamish hüpften auf den dickbauchigen, strohgefüllten Säcken, die für ihre Ankunft vorbereitet waren, herum und machten sie ein bisschen flacher. Dabei füllte sich der ganze Dachboden mit Staub, sodass man kaum atmen konnte. »Ich muss … gleich … niesen!«, brüllte Charlie und ließ seinen Worten einen mächtigen Nieser folgen.

»Der Staub legt sich gleich wieder. Du merkst ihn bald gar nicht mehr«, sagte Malcolm. »Ich schlaf direkt neben der Leiter, so kann ich dich vor Hugh schützen, wenn er heraufgewuselt kommt und uns im Morgengrauen hochjagen will.«

»Ihr werdet frühmorgens nicht in euren Betten herumfaulenzen«, sagte Onkel Thomas. »Ihr werdet Hemd und Hose anziehen und Margaret melken.«

Ich fühlte mich einen Augenblick lang ausgeschlossen und allein, erfuhr aber bald, dass es hier viele Arbeiten für Mädchen gab. Oft genug wünschte ich, es wäre anders. Mutter und ich schufteten uns die Finger wund in dem Bemühen, unsere Kleider und die Hütte sauber zu halten. Kaum hatten wir den Fußboden gewischt, kam einer von den Männern oder Jungen mit Dreck oder gar Mist an den Stiefeln hereingetrampelt. Dann hieß es dieselbe Arbeit noch einmal tun. Und wir konnten ihnen noch nicht einmal einen Vorwurf machen. Es gab draußen keine Stelle, wo kein Dreck war. Die Kleider wuschen wir im Bach mit einer primitiven Seife, die Vater auf dem Markt in Fergus gekauft hatte. »Im Herbst machen wir unsere eigene«, sagte Mutter. Sie musterte dabei das Ferkel, das Onkel Thomas nach Hause gebracht hatte. Er hatte für eine fremde Familie eine Hütte gebaut und das Schweinchen als Bezahlung bekommen.

»Lass dir nicht einfallen, dieses Schwein ins Herz zu schließen, Elspet«, warnte mich Vater. »Es wird im nächsten Winter zu unserem Leben beisteuern. Gib ihm also keinen Namen und verschwende keine wertvolle Zeit damit, ihm den Rücken zu kraulen. Ich hab heute Morgen wohl gesehn, wie du mit dem Viech geschmust hast.«

Ich mied daraufhin das Ferkelchen, so gut es ging.

Auch die Kuh – Vater war so stolz, dass sie zu unserem Empfang bereits im Stall stand – machte eine Menge Arbeit. Nicht nur, dass sie jeden Tag gemolken werden musste, die Milch war auch zu verarbeiten: zu Butter, Sahne und Buttermilch. Wir stellten sie in großen Töpfen auf, schöpften dann die Sahne ab, sobald sie sich oben absetzte, und schlugen sie zu Butter; die Buttermilch fiel dabei ab.

Mutter und ich bereiteten auch alle Mahlzeiten für die Männer und die Jungen. Sie hatten Mägen wie Fässer ohne Boden. Und wir wollten Kerzen und Seife herstellen, sobald das Schwein geschlachtet worden war. Inzwischen benutzten wir die gekauften Kerzen sparsam und gingen früh ins Bett. Wir waren im Übrigen so müde, dass wir schliefen, kaum dass wir unsere Decken bis zum Kinn hochgezogen hatten.

Zunächst bedauerte Mutter, dass wir keine Schafe hatten, denn sie hätte gern Wolle gesponnen und ihren Webstuhl aufgestellt. Sie gestand dann doch sehr bald, dass sie froh war, mit dem Weben von Tuch noch ein Jahr warten zu können. »Ich wüsste auch gar nicht, wie wir das schaffen sollten«, sagte sie müde.

Wir pflückten Beeren, Holzäpfel und Weichselkirschen und sammelten Pflanzen, die Mutter zur Herstellung von Farben und Arzneien brauchte. Das Brot geriet nicht so gut wie in Schottland, aber alles schmeckt, wenn man so schwer arbeitet wie damals wir Gordons.

Die meisten Arbeiten waren natürlich auch in Schottland zu erledigen gewesen, aber dort hatte Mutter Granny zum Helfen gehabt, und wenn etwas ganz besonders schwer war, hatten ihr eins der Dorfmädchen oder ihre älteren Schwestern unter die Arme gegriffen. Damals war ich gehätschelt worden; Mutter hatte zwar Hilfe von mir erwartet, war aber nie davon abhängig gewesen. Inzwischen war ich notgedrungen ihre rechte Hand und uns beiden gefiel das nicht. »Ich möchte ein bisschen Zeit für mich«, flüsterte ich, aber ich sprach es nicht laut aus. Wenn die Jungen und ich uns darüber beklagten, dass wir nie Zeit für uns besaßen, erinnerte uns Mutter daran, wie viel besser wir es jetzt hatten als damals auf dem Schiff, und Vater wiederholte zum tausendsten Mal, wie schön es sei, eigenes Land zu besitzen und nur noch für uns selbst zu arbeiten. Wir hörten daher schnell auf zu murren, wenn unsere Eltern in Hörweite waren. Ich wusste jedoch, dass Mutter Mitleid mit mir hatte, wenn wir den Dreck betrachteten, den die Männer auf unseren frisch geschrubbten Boden hereingeschleppt hatten.

Schließlich wurde meine sanfte Mutter unter der Last der Arbeit reizbar. Sie ruhte nie, und auch die Arbeiten, die sie für mich hatte, gingen nie aus. Auch Vater war völlig erledigt. Wir merkten es an der Art, wie er jedes Mal, wenn er vom Essen aufstand, stöhnte. Onkel Thomas verschwand immer mal wieder unerwartet und behauptete, er müsse sich eine Frau suchen. Wir wussten, dass er sich nur im Heuschober ausstreckte, sagten aber nichts. Sogar Malcolms gute Laune verflog allmählich, denn er arbeitete wie ein Erwachsener.

In Glen Buchan hatten uns unsere Eltern abends immer etwas vorgelesen. Auch gegenseitig hatten sie sich vorgelesen. Vater las natürlich vor dem Essen immer noch aus der Bibel vor, aber für andere Lektüre war jetzt keine Zeit mehr. Obgleich Vater als Erstes die Bücherkiste ausgepackt hatte, standen die Bücher nur auf dem Regal und setzten Staub an. Wir hatten weder Zeit noch Energie für Bunyans *Pilgerreise*, die Gedichte von Robert Burns oder die Stücke von William Shakespeare. Das Einzige, was wir immer noch regelmäßig hörten, waren das Alte und das Neue Testament.

»Mr Dickens hat ein neues Buch geschrieben«, erzählte Vater einmal. Er war auf dem Markt gewesen und mit den letzten Nachrichten nach Hause gekommen. »Vielleicht können wir es entleihen und im Winter lesen, wenn wir hier eingeschneit sind.«

Trotz der Frostbeulen, die das bedeutete, und trotz der Tatsache, dass es dann keine Möglichkeit geben würde, meinen Brüdern auszuweichen, konnte ich diesen Luxus, nämlich vom Schnee eingesperrt zu sein, kaum erwarten.

In diesem ersten Sommer war die Ernte nicht üppig, aber es gab ein bisschen Weizen und ziemlich viel Mais. Auf dem Land, das Vater gekauft hatte, standen zwei Apfelbäume, ganz in der Nähe des Pfades, der später einmal die große Straße werden sollte. Der eine trug knackige rote Früchte und der andere gelbe Frühäpfel. Es gab auch einen Birnbaum, an dem die Bienen und die Vögel in Scharen hingen. Offenbar mochten sie die Früchte genauso sehr wie wir.

»Wer hat diese Obstbäume wohl gepflanzt?«, hatte Mutter verwundert gefragt.

Und Vater hatte berichtet, dass eine Familie vor mehreren Jahren versucht hatte, sich auf dem Grundstück niederzulassen, dann aber den Mut verloren habe und nach Europa zurückgekehrt sei.

»Wir werden nicht aufgeben, William«, sagte Mutter entschlossen. »Diese Überfahrt über den Ozean könnte ich nicht noch mal machen. Und Elspet auch nicht.«

Ich dachte an Granny Ross mit Furkin auf dem Schoß, die so weit weg war. Aber ich wusste, dass Mutter Recht hatte. Ein Gordon gab nicht auf.

»Ich brauch ein Mädchen zum Helfen«, sagte Mutter eines Abends. »Ohne Hugh seid ihr zu fünft für die Männerarbeit. Aber für alle Frauenarbeiten sind nur ich und Elspet da. Es ist viel zu viel für eine Frau und ein neunjähriges Mädchen, egal, wie viel wir arbeiten. In Glen Buchan hatte ich meine Mutter und meine Schwestern, wenn nötig, und außerdem konnten wir immer eines der MacTavish-Mädchen fragen. Aber von euch Männern ist kein Einziger für die Arbeit hier zu gebrauchen.«

Vater sah beschämt und auch besorgt drein. »Es ist sträflich von mir, nicht daran gedacht zu haben«, sagte er. »Ich will mich nach jemandem umsehen, Ailsa. Sie wird allerdings für freie Unterkunft und Verpflegung und ein kleines Taschengeld arbeiten müssen. Wir haben kein Geld übrig.«

»Ich weiß. Tu, was du kannst, Will«, sagte Mutter und lächelte ihn aufmunternd an.

»Ich will trotzdem Nachbarn«, murmelte ich. »Hier gibt es viel zu viele Männer und Jungen. Ich brauch wenigstens ein Mädchen.«

Vater lachte darüber, entschieden unbesorgter. »Mal sehen, ob ich auch für dich etwas tun kann«, sagte er. »Wir wollen doch unsere Frauen zufrieden stellen. Bald kommen andere Siedler hierher, das versprech ich dir. Warte noch ein Weilchen, dann ist es so weit.«

Ich hatte große Lust weiterzumeckern, dass ich es leid sei, noch ein Weilchen zu warten, hörte aber Grannys Stimme, die zu mir sagte: »Spar deinen Atem für die heiße Suppe, Mädchen, und zeig den Erwachsenen den Respekt, der ihnen zukommt.«

Vater kam zwei Tage später aus der Stadt zurück mit

einem sommersprossigen Mädchen von vierzehn Jahren namens Bridget. Sie redete zwar unablässig, arbeitete aber wie ein Pferd. Ich hatte jetzt ein bisschen mehr Zeit zum Spielen, jedoch immer noch keine Freundin.

Dann, nachdem ich über einen Monat gewartet hatte, kam schließlich eine Einladung neue Nachbarn kennen zu lernen. Und das geschah in einer höchst merkwürdigen Weise.

An jenem Tag war Onkel Thomas mit den größeren Jungen zur nächsten Mühle gegangen, während Vater in der Nähe weiter Bäume rodete. Hugh war zur Mühle mitgegangen und hatte hoch und heilig versprochen, den ganzen Weg nach Hause zu laufen, wenn Onkel Thomas und Malcolm ihn auf dem Hinweg auf die Schultern nähmen.

Mutter, Bridget und ich waren in unsere Arbeit vertieft, als Vater plötzlich in die Hütte gestürzt kam. Mutter sah vom Butterfass auf. Bridget, die gerade einen Eimer Wasser holen wollte, blieb stehen und gaffte. Ich war dabei, Äpfel für Kompott zu schälen, und legte das Messer aus der Hand. Was hatte ihn in solche Aufregung versetzt?

»Elspet, wir haben endlich Nachbarn«, schrie er, als seien wir kilometerweit entfernt. »Komm!«

Ich sprang auf und ließ die Äpfel liegen ohne mich noch einmal umzusehen. Mutter schnaubte durch die Nase und blieb, wo sie war. Der Butterstößel in dem Fass ging auf und ab. »Lass Bridget vorbei, Will«, sagte sie, das Geräusch des

Butterfasses übertönend. »In zehn Minuten ist die Butter fertig, wenn ich weitermache. Geh nur, Kind. Wenn ihr mich braucht, dann kommt und holt mich. Aber vergesst nicht, daß Bridget und ich heute Morgen keine Zeit übrig haben. Sie will ihre Mutter besuchen, sobald wir hier mit der Arbeit fertig sind.«

»Aber, Ailsa ...«, begann Vater.

Sie ließ ihn nicht zu Ende reden. »Ich hab zu tun. Bridget, wenn du deine Mutter besuchen willst, dann steh nicht mit offenem Mund herum.«

Mein Vater sah Mutter unzufrieden an, trat zurück und ließ Bridget an sich vorbei. Dann ging er mit mir los. Als ich auf dem Treppenabsatz stand und mich umsah, war auf der Lichtung, wie zu erwarten, nichts zu sehen. Ich sah nicht mal ein Reh grasen oder einen Specht am Baum.

Vater war immer sehr begeistert, wenn er ein neues Tier entdeckte. Einmal war da ein Blaureiher, der im Cox Creek fischte, ein andermal ein Backenhörnchen, das sich mit Nüssen voll stopfte. Er hatte uns stundenlang stehen lassen, um sie zu beobachten. Mutter war normalerweise auch an Tieren interessiert, aber in letzter Zeit hatte ihre Neugierde etwas nachgelassen. Sie behauptete, ihr täte der Rücken weh.

»Wo sind die Nachbarn?«, fragte ich argwöhnisch.

»Spitz die Ohren, dann hörst du sie«, antwortete Vater.

Ich war entzückt, dass ich einen Augenblick wie diesen mit

meinem Vater teilen durfte, ohne dass einer der Brüder sich einmischte. Ich horchte also, mit angehaltenem Atem, und war auf alles gefasst, ohne allerdings allzu hoffnungsfroh zu sein.

»Ich höre nichts …«, begann ich.

Und dann hörte ich doch etwas. Irgendwo krähte ein Hahn!

»Es gibt keinen Bauernhof in Hörweite. Das *müssen* neue Leute sein; und so ganz weit weg können sie auch nicht sein«, sagte Vater. Er schien mächtig mit sich zufrieden. »Warte hier. Ich hol etwas Brot und Käse.«

Er kam umgehend mit einem Paket Proviant zurück, das er in die weite Tasche seiner Jacke gestopft hatte. Er brachte auch meine Stiefel mit. Dabei grinste er wie ein Junge, der die Schule schwänzt. »Zieh die an, damit du dir nicht deine empfindlichen Zehen anstößt«, sagte er.

Ich zog sie hastig an.

»Komm«, sagte er, hob eine Axt auf und ging auf eine Lücke in den Bäumen zu. »Auf der anderen Seite dieses umgefallenen Stammes ist ein Wildpfad, dem wir folgen können. Gib mir deine Hand, Mädchen. Jetzt spring. Wenn die Bäume zu dicht werden, hacke ich mit der Axt den Weg frei. Auf diese Weise verlaufen wir uns auch auf dem Rückweg nicht.«

Sein Plan klang einfach. Aber er war nicht ganz so einfach

in die Tat umzusetzen. Der Wildpfad mochte zwar für ein Reh ganz geeignet sein, für ein Mädchen in einem langen, weiten Rock war er ziemlich beschwerlich. Dennoch, obwohl Zweige zurückschnellten und mir ins Gesicht schlugen und obwohl sich Fliegen auf Stirn und Ohren setzten und uns stachen, kamen wir stetig voran. Jedes Mal, wenn wir den Mut zu verlieren drohten, krähte der Hahn, als wisse er, dass wir unterwegs zu ihm waren. Er schien entschlossen, uns die ganze Strecke zu führen.

Ich war viel zu aufgeregt, als dass mir ein paar Kratzer etwas ausgemacht hätten. Ich riss einen belaubten Zweig von einem Schössling am Weg ab und wedelte damit um meinen Kopf und um die Schultern und war sehr froh, dass ich meinen Sonnenhut mitgenommen hatte. Er hielt zumindest ein paar Insekten ab.

Ich war selten mit meinem Vater so lange allein gewesen. Wir hatten nicht oft Gelegenheit gehabt, Expeditionen dieser Art miteinander zu unternehmen. Normalerweise durfte Hamish mit. Tja, und nun waren Vater und ich zusammen auf Entdeckungsreise.

Nach einer Stunde kamen wir zu einer Lichtung mit einem großen flachen Felsen in der Mitte, der wie eine breite Couch aus Kalkstein aussah. Ganz in der Nähe entdeckte Vater eine Quelle, die von Gras und Laub fast zugedeckt war. Wir säuberten sie und tranken durstig daraus. Dann holte Vater das Paket mit Brot und Käse aus der Tasche. »Wir brauchen eine Stärkung, meinst du nicht?«, sagte er mit einem Grinsen.

Wir saßen nebeneinander und aßen alles bis auf den letzten Krümel auf. Danach tranken wir noch einmal ausgiebig aus der Quelle.

»Deiner Mutter wird es Leid tun, dass sie das hier versäumt hat«, meinte Vater, »aber sie kann es ja nachholen. Wenn wir uns später gegenseitig besuchen, ist die Quelle mit dem Felsensitz ein perfekter Platz für eine Rast.«

Die Zukunft war mir egal. Der Hahn krähte jetzt energischer denn je. »Vorwärts, Macduff«, sagte ich. Es war eine von Vaters Lieblingswendungen.

Er lachte und schritt weit aus.

Der zweite Teil unserer Wanderung wurde beschwerlicher, weil der Wildpfad abbog und uns von dem einladenden Krähen des Hahns entfernte. Also schlug Vater einen neuen Pfad durch dorniges Gebüsch und wir kletterten über umgefallene Baumstämme. Ich stolperte und fiel hin, war aber wieder auf den Beinen, bevor Vater mir zu Hilfe kommen musste. Ich wollte ihm beweisen, dass ich genauso zäh war wie Hamish oder Charlie. Ich war allerdings dankbar, dass wir eine Essenspause gemacht hatten. Am Sonnenlicht, das schräg durch die Blätter fiel, sah ich, dass die normale Zeit für das Mittagessen längst vorüber war.

Vater schnitt im Gehen Zeichen in die Bäume. Und dann brachten wir zu unserer Überraschung eine letzte Baumreihe hinter uns und traten auf eine ziemlich große Lichtung hinaus, die frisch gerodet war.

Aber meine Aufmerksamkeit galt nicht den Baumstümpfen. Mein Blick fiel als Erstes auf ein Mädchen, das etwa so alt war wie ich und auf den Stufen vor einer Blockhütte saß, die kleiner und wackliger als unsere eigene aussah. Sie hatte schwarze Zöpfe, die sich an den Enden kräuselten, und war barfuß. Auf dem Kopf hatte sie einen ausgeblichenen rosafarbenen Sonnenhut und trug ein grobes, mattbraunes Kleid, ähnlich wie ich. Sie beobachtete etwas nervös den Waldrand und hielt eine magere, gefleckte Katze auf dem Schoß.

15. KAPITEL

Jeanie Mackay

Normalerweise weiß ich nicht, was ich sagen soll, wenn ich Fremde treffe. Aber diesmal wartete ich nicht auf Vater. Die Wörter sprudelten nur so aus mir heraus.

»Wir haben euren Hahn gehört«, rief ich mit vor Eifer hochroten Wangen und lief auf das Mädchen zu. »Wir wollten wissen, wo ihr wohnt. Ich bin Elspet Mary Gordon. Wie heißt du? Wann seid ihr angekommen? Und wie heißt deine Katze?«

Das Mädchen stand auf. Die gefleckte Katze sprang auf den Boden und verzog sich, allerdings nicht weit weg.

»Wir sind seit zwei Wochen hier, aber Pa hat den Hahn erst gestern mitgebracht. Meine Katze heißt Motley. Ich heiße Jeanie Mackay«, sagte das Mädchen und rief dann: »Mutter!«

Die Tür hinter ihr öffnete sich, als das Mädchen sie gerade aufstoßen wollte. Eine rundliche Frau mit Haaren, die genauso schwarz glänzten wie die des Mädchens, trat ins

Freie. Sie sah Vater und mich überrascht an, mit weit aufgerissenen Augen, als seien wir Gespenster. Dann besann sie sich und kam uns entgegen. »Guten Tag«, sagte sie ein bisschen steif. »Ich bin Mrs Robert Mackay. Sie sind die ersten Menschen, die mir zu Gesicht kommen, seit wir in dieser Wildnis gelandet sind. Meine Tochter und ich sind erst seit zehn Tagen hier.«

Die Katze sah von einem Baumstumpf in der Nähe aus zu und schlug mit dem Schwanz. Jeanie lächelte mir zu. Sie war auch schüchtern, das konnte ich sehen, aber ihr Lächeln war freundlich. Vielleicht hatte sie sich wie ich nach einem Mädchen gesehnt, mit dem sie reden konnte.

»Wir beide sind von der Gordonfamilie«, sagte Vater. Er schüttelte Mrs Mackay herzlich die Hand. »Ich bin William und das ist Elspet Mary. Wir sagen meistens bloß Elspet zu ihr. Wir haben uns einen Weg durch den Busch gehauen, als wir Ihren Hahn hörten. Sein Krähen sagte mir, dass wir endlich Nachbarn haben. Ich versteh nicht, wieso wir nicht hörten, wie Sie Ihre Hütte bauten. Meine Elspet ist überglücklich. Sie sehnt sich nach einem Mädchen in ihrem Alter, seit wir Ende Juli hier ankamen.«

Jeanie lachte laut. Und auch Mrs Mackays Lächeln wurde ein bisschen herzlicher.

»Es ist immer gut, Nachbarn zu haben«, sagte sie, »besonders wenn man so weit von zu Hause fort ist.«

So lange dauert es doch gar nicht, hierher zu kommen, dachte ich, aber dann wurde mir klar, dass sie Schottland meinte, als sie »so weit von zu Hause fort« sagte. War unsere Blockhütte für mich »zu Hause«? Ich wusste es nicht.

»Wir haben zu Hause drei Jungen, aber nur ein Mädchen«, fuhr Vater fort und grinste Jeanie an. »Meine Frau Ailsa wäre auch mitgekommen, wenn sie nicht gerade beim Buttern gewesen wäre.«

»Wir haben jetzt nur noch ein Kind«, sagte Jeanies Mutter. Ihr Lächeln verlosch wie die Flamme einer Kerze, die man erstickt. Ihre Stimme war leise und verriet Schmerz. »Wir waren in Montreal in einer Herberge ohne zu ahnen, dass dort Cholera ausgebrochen war. Unser Alastair war nach der langen Fahrt kränklich und als er die schlimme Krankheit in Montreal bekam, hatte er keine Widerstandskraft mehr. Er war noch ein Säugling …« Ihre Stimme versagte, als sie das sagte. Tränen traten ihr in die Augen.

Ich schaute weg.

Jeanie drückte die Hand ihrer Mutter. »Vergiss Jamie nicht«, sagte sie leise. »Wir haben noch Jamie, Mam.«

»Nein, ich vergess ihn nicht«, sagte ihre Mutter. Die Worte kamen rau und klangen teilnahmslos. »Aber er ist nicht mein Kind.«

»Er gehört jetzt zu uns«, sagte das kleine Mädchen hartnäckig. In ihren Augen lag Entschlossenheit. Sie hob den

Kopf trotzig. »Ich hol ihn. Er muss sowieso gleich aufwachen. Die beiden wollen ihn bestimmt sehen.«

Ihre Mutter warf ihr einen ärgerlichen Blick zu, aber Jeanie verschwand in der Hütte. Ich stand stumm dabei, während Vater und Mrs Mackay miteinander redeten. Sie erzählte, wie Mr Mackay allein in den Süden Kanadas gegangen war und das Land gekauft hatte, während sie selbst mit den Kindern in Montreal wartete. Er hatte dieses Stück Land gefunden, auf dem bereits eine Hütte stand. Die Leute, die sie gebaut hatten, hatten kein Anrecht auf das Land selbst und waren schließlich froh gewesen, ein paar Pfund für die Hütte zu bekommen. »Mein Mann ist kein Handwerker«, sagte sie schroff.

Deshalb haben wir keine Axtschläge und kein Gehämmer gehört, dachte ich.

Ich fragte Vater mit dem Blick um Erlaubnis, Jeanie ins Haus folgen zu dürfen. Als er nickte, ließ ich die beiden alleine vor der Hütte stehen. Jeanie neigte sich über ein Bettchen und darin lag das hässlichste Baby, das ich je gesehen hatte. Sein rotes Haar stand ihm in buschigen Ringellocken um den Kopf. Es hatte zwar strahlend blaue Augen, aber seine Ohren standen ab wie die Henkel einer Tasse. Sein Mund war breit und die Nase wie eine Knolle.

Schon allein der Anblick dieses Gesichts reizte mich laut zu lachen.

Jeanie sah mich tadelnd an. »Er ist schön, nicht?«, sagte sie trotzig.

»Schön«, sagte ich schnell und gab mir Mühe, nicht wieder loszulachen. Ich wusste, was ich empfinden würde, wenn Jeanie Mackay sich über unseren Hugh lustig machte. Aber glaubte Jeanie tatsächlich, dass Jamie schön war? Wie konnte sie bloß? Vermutlich sagte sie es nur, weil sie ihn liebte.

Jeanie hob das strahlende Kind aus dem Bett und drückte es. »Während wir auf Vater warteten, war Jamies Familie in derselben Herberge wie wir. Die Cholera raffte alle außer Jamie dahin«, sagte sie leise mit einem Blick auf die Tür. »Unser Alastair war ebenfalls krank und starb innerhalb weniger Stunden.«

Ich holte tief Luft und sah in Jeanies bleiches Gesicht.

Sie fuhr hartnäckig fort: »Als mein Vater kam, hatte ich die Pflege des kleinen Jamie übernommen, während Ma besinnungslos vor Kummer war. Daher sagte mein Vater, es sei wohl Gottes Wille, dass wir den Waisenjungen mitnehmen, dass er uns brauchte und wir ihn auch. Ich war sehr froh. Aber Mam denkt nur an Alastair. Sie sagt, wir müssen Jamies Verwandte ausfindig machen. Vater hat sich erkundigt. Niemand weiß etwas. Er meint, wir könnten Jamie behalten, wenn Mam es will. Aber sie möchte ihn nur los sein.«

Ich sah den kleinen Jungen an und spürte, dass sich etwas in mir verkrampfte. Er war ein Waisenkind wie ich. Und er

lachte. Es schien ihm nichts auszumachen, dass er ein Waisenkind war. Aber er war zu klein um zu verstehen, dass Mrs
Mackay ihn nicht haben wollte.

Meine Familie hatte mich gewollt, da war ich ganz sicher.
Sie hatten nicht ein einziges Mal gesagt: »Sie gehört nicht
zu uns.« Oder? Hatte nicht Großvater Gordon genau das
gesagt?

Der Hahn krähte erneut. Jeanie sah von Jamies lustigem
Gesicht hoch und lächelte mir zu. Das Lächeln brachte
Glanz in ihre Augen. »Ich bin so froh, dass unser Hahn euch
hergebracht hat«, sagte sie. »Mam ist so traurig. Und ich
brauche eine Freundin.«

Ich lächelte zurück. Sie sah immer noch sehr einsam aus,
trotz ihres Lächelns. Sie vermisste wohl Alastair und hatte
Angst, auch Jamie zu verlieren. Sie wollte ihn um jeden Preis
behalten. Was sollte ich dazu sagen? »Wir haben in Kanada
zwar kein Baby adoptiert«, sagte ich und versuchte ihr dabei
auf die einzige Art, die mir einfiel, zu helfen, »aber immer-
hin ein Kätzchen. In Montreal. Wie sagtest du, heißt deine
Katze?«

»Miss Motley«, sagte Jeanie. »Sie trägt bunte Kleider wie
ein Harlekin. Wir fanden sie hier in der Nähe, ganz allein
und völlig ausgehungert.«

»Genau wie Purrkin«, sagte ich.

Wir setzten uns einen Augenblick und redeten weiter. Ich

erzählte, wie Purrkin durch die Luft geflogen kam und direkt vor meinen Füßen landete.

»Will deine Mutter Motley auch loswerden?«, fragte ich.

Jeanie verzog das Gesicht. »Nein, absolut nicht. Sie hasst Mäuse. Solange Motley ein guter Mäusefänger ist, darf sie bei uns bleiben. Heute Morgen hat sie gleich vier tote Mäuse vor die Tür gelegt!«

»Komm doch einfach mit und lern unsere Mutter kennen«, sagte ich beim Hinausgehen. »Der Weg durch den Busch ist zwar lang, aber zum Teil geht man auf einem Wildpfad. Mutter möchte dich sicher auch kennen lernen. Und ich möchte, dass du Purrkin siehst.«

»Ich kann nicht«, sagte Jeanie sofort. Sie hielt den Säugling an sich gepresst. »Ich muss bei Mutter und Jamie bleiben. Sie will die Lichtung nicht verlassen. Ich muss …«

Sie stockte. Sie sah allerdings aus, als würde sie sehr gern mitkommen.

»Wir könnten mit Mutter wiederkommen«, sagte ich unsicher. Sie war mit dem Buttern inzwischen sicher fertig, aber mir war natürlich klar, dass sie eine neue Arbeit angefangen haben würde. Vielleicht schälte sie jetzt gerade den Rest der Äpfel. »Sie weiß, wie man mit traurigen Leuten umgeht. Sie hat selber zwei Kinder verloren. Vielleicht kann sie deiner Mutter helfen. Ich frag mal Vater.«

Wir verließen die Hütte, Jeanie hielt den kleinen Jamie in

den Armen. In dem plötzlichen Licht kniff ich die Augen zusammen. In der Hütte war es sehr dunkel gewesen.

Mrs Mackay sah den Säugling in den Armen ihrer Tochter, ihre Augen blieben jedoch kalt und traurig. Sie sah ihn nicht in der Weise an wie Mutter Hugh. Im Gegenteil, sie sah schnell wieder weg, als sei schon der Anblick des kleinen Jungen ein Ärgernis für sie.

»Er war wach«, sagte Jeanie schnell. »Ist er nicht ein niedliches Kind, Mr Gordon?«

Ihre Mutter machte ein verächtliches Geräusch, aber Vater schien es nicht zu hören. Er grinste Jamie an und Jamie grinste zurück. »Sicher ist er ein fröhlicher kleiner Kerl«, sagte Vater. »Komm mal her, du kleiner Wonneproppen.«

Jamie streckte seine Ärmchen aus und ließ sich von Vater auf den Arm nehmen, genau wie Hugh früher. Ich war verblüfft über das Vertrauen, das er auf Anhieb zeigte. Woher wussten kleine Kinder immer, dass Vater sie liebte? Sie wussten es alle. Auch ich hatte damals, als Dad mich aus Aberdeen gebracht hatte, sofort gewusst, dass man ihm vertrauen konnte. Irgendwie hatte es mit seinen ruhigen Augen zu tun.

»Schreiben Sie eine Notiz für Ihren Mann, Mrs Mackay«, sagte Vater dann. »Ich würde Sie gerne mitnehmen, damit Sie den Rest der Familie kennen lernen.«

Mrs Mackays Gesicht wurde zu Stein. »Nicht heute«, sagte sie rundheraus.

»Ich schreib den Zettel für Sie«, sagte er freundlich.

»Nein«, wiederholte Mrs Mackay mit feuerrotem Gesicht.

Ehe Vater sie dazu bewegen konnte, ihre Meinung zu ändern, trat Jeanies Pa aus dem Busch. Er hatte einen schweren Sack auf dem Rücken, ließ ihn auf den Boden gleiten und starrte Vater und mich verwundert an. »Wo kommt ihr beide denn plötzlich her?«, fragte er.

»Wir hörten Ihren Hahn krähen«, sagte Vater, als ob sich das von allein verstünde. »Meine Tochter und ich sind daraufhin losgezogen um nachzusehen, wo unsere Nachbarn wohnen und wer sie sind. Ich wollte Ihnen gerade aufschreiben, dass wir Ihre Frau mitgenommen haben, damit sie meine Frau kennen lernen kann. Ich bin William Gordon und das ist meine Tochter Elspet.«

Mr Mackays Wangen röteten sich ebenfalls, aber er streckte Vater die Hand zum Gruß hin. »In unserem Haus ist meine Frau fürs Lesen zuständig«, sagte er dann. »Ich kann zwar meinen Namen schreiben und ein bisschen mit Zahlen umgehen, aber lesen kann ich nicht.«

Ich war zunächst schockiert, aber mein Vater zuckte nicht mit der Wimper. Vater liebte Bücher seit seiner Schulzeit und wäre gerne in die höhere Schule gegangen, aber Großvater Gordon hielt nicht sonderlich viel von Büchern und Gelehrsamkeit. Ich wusste, dass die Hälfte der älteren Leute im Tal nicht lesen konnte. Charlie war kein großartiger Leser, obgleich Mutter darauf bestand, dass er sich im Winter mit seinen Lektionen beschäftigte. Ich konnte bereits besser lesen als Charlie.

»Das macht nichts«, beharrte mein Vater und vermied dabei Mrs Mackays Blick. »Meine Frau braucht eine Nachbarin zum Reden. Kommt alle mit. Ich geh voraus und trag diesen Wicht.«

Jamie gluckste vor Wonne und zog meinen Vater am Haar.

»Sachte, sachte, mein junger Freund«, sagte Vater und wandte sich der Lücke im Gebüsch zu, durch die wir gekommen waren. Er wartete nicht auf die Zustimmung der Mackays, sondern marschierte zuversichtlich in den Wald hinein. Jeanie und ich sahen uns von der Seite an. Wir standen da und wussten nicht recht, wofür wir uns entscheiden sollten. Es dauerte eine ganze Zeit, bis sich Mr Mackay entschloss, den Sack in die Hütte zu stellen. Als er wieder auftauchte, ging er ohne ein Wort an uns vorbei und folgte zusammen mit seiner Frau meinem Vater und Jamie. Voll unterdrückter Freude und Erregung rannten wir beide hinter ihnen her.

»Dein Vater ist wie … wie ein Laird«, flüsterte Jeanie.

Obgleich ich wusste, dass Vater keinerlei Ähnlichkeit mit dem Gutsbesitzer in dem großen Haus in der Nähe unseres schottischen Tales hatte, verstand ich, was sie meinte, und war stolz auf ihn.

Aus dem Augenwinkel sah ich, wie uns Miss Motley folgte. Sie machte einen Satz und schaute dann zurück. Ich machte Jeanie nicht darauf aufmerksam. Wieso sollte eine Katze nicht auch mitkommen und ihre Nachbarn kennen lernen? Vielleicht sehnte sich Purrkin ja nach Katzengesellschaft.

16. KAPITEL

Wechselbalg

Obgleich wir so viel mehr Leute waren, brauchten wir zum Heimweg viel weniger Zeit. Vater und ich hatten Zweige abgebrochen oder zurückgebogen, sodass der Weg jetzt gut begehbar war. Ich erklärte, dass der Weg noch bequemer würde, wenn wir erst auf den Wildpfad kamen, und das ermutigte Jeanie. Sie wiederholte die Information so laut, dass auch ihre Eltern sie hörten. Trotzdem waren wir etwas müde, als wir schließlich die kleine Quelle erreichten.

»Wir machen hier immer eine Pause«, sagte ich zu meiner neuen Freundin, als hätte ich hier schon unzählige Male gerastet. Wir knieten neben der sprudelnden Quelle nieder und tranken gierig aus den gewölbten Händen.

Die Mackays waren schweigsam, als sie den Felsen erreichten. Mrs Mackay schaute noch immer verärgert drein und Jeanies Vater blieb hartnäckig stumm. Jeanie ging rasch zu ihrer Mutter hin und fasste ihre Hand. Aber auch diese liebende Berührung half nicht Mrs Mackay zu besänftigen.

»Setzt euch hin und ruht euch aus«, sagte Vater, als bemerke er überhaupt nichts Ungewöhnliches. »Wir gehen erst weiter, wenn wir uns ein bisschen erholt haben.« Er setzte Jamie neben Jeanie und mich ins Gras. Dann holte er sein Messer aus der Tasche und schnitt ein Stück Birkenrinde ab. Mit geschickten Bewegungen bog er den Streifen zu einem Becher.

»Hier, der Trinkbecher der Holzfäller«, sagte er. »Nehmen Sie ihn, Mann, und holen Sie Ihrer Frau einen Schluck kaltes Quellwasser. Sie sieht aus, als könnte sie's brauchen. Für den Jungen mach ich auch einen.«

Als sich Mr Mackay bückte, um den Becher an der Quelle zu füllen, sah ich, dass sein Nacken knallrot war. Er brachte den Becher zu seiner Frau zurück. Natürlich tropfte er gewaltig, worüber wir lachen mussten. Mrs Mackay fing den Blick ihres Mannes auf und lächelte wider ihren Willen, trank dankbar und hielt ihm den Becher zum Nachfüllen hin. Jamie steckte die Nase tief in den Becher, den Vater ihm an die Lippen hielt, und trank geräuschvoll.

Als wir aufstanden um weiterzugehen, war die Stimmung bereits vergnügter. Vater hatte Jamie wieder hochgenommen, aber als Mr Mackay den Arm nach ihm ausstreckte, reichte ihm Vater das Kind wortlos. Er bog und entspannte seinen Arm, als habe Jamie eine Zentnerlast bedeutet. »Sie halten ihn gut im Futter«, sagte er.

»Er soll nicht hungern, solange er in meiner Pflege ist«, sagte Mrs Mackay spitz, doch ihre Augen waren wieder ohne Leben. »Niemand soll behaupten, ich hätte nicht gut für ihn gesorgt. Ich tu meine Pflicht, auch wenn es eine Menge zusätzlicher Arbeit bedeutet.«

Vater schaute zu ihr hinüber, reagierte jedoch nicht auf das, was sie gesagt hatte. »Ihr Mädchen könnt ja schon vorauslaufen. Sag deiner Mutter, dass wir kommen, Elspet«, sagte er ruhig. »Von jetzt an ist der Weg frei und nicht zu verfehlen.«

Jeanie und ich stürmten durch das Unterholz und ich war froh, das verbissene Gesicht und das giftige Gerede von Mrs Mackay nicht mehr ertragen zu müssen. Jeanie schien meine Erleichterung zu teilen, obgleich sie sich immer wieder nach ihren Eltern umdrehte.

»Mutter!«, rief ich, als wir auf unserer Lichtung ankamen. »Mutter, wir haben wirklich Nachbarn gefunden!«

Mutter kam zur Tür der Hütte und trocknete dabei ihre nassen Hände an der Schürze. Ein herzliches Willkommen erstrahlte auf ihrem Gesicht, als sie Jeanie sah.

»Das ist Jeanie Mackay«, sagte ich. Meine Worte überschlugen sich fast vor Erregung. »Ihre Mutter und ihr Vater kommen auch. Wir sind dem Krähen ihres Hahnes gefolgt und haben sie auf diese Weise gefunden. Sie haben ein Baby …«

Mutter wollte wieder hineingehen und Teewasser aufstellen. Irgendetwas in meinem Gesicht und Ton ließ sie zögern. Sie sah Jeanie forschend an. »Elspet hat auch einen Bruder, der noch sehr klein ist«, sagte sie. »Aber Hugh wächst inzwischen mit Macht zu einem Jungen heran. Wie alt ist denn dein kleiner Bruder, Mädchen?«

»Wir glauben, dass er etwa zehn Monate alt ist«, sagte Jeanie. »Meine Mutter … Wir verloren unser eigenes Baby Alastair. In der Herberge in Montreal, wo wir waren, brach Cholera aus. Meine Mutter ist immer noch nicht darüber weg.«

»Da kommen sie«, unterbrach ich. Ich vermutete, dass Mrs Mackay nicht erfreut wäre, wenn sie hörte, wie Jeanie alle ihre Geheimnisse ausplauderte. »Er ist ein ganz lustiges Baby.«

»Er ist wonnig«, murmelte Jeanie, als die Gruppe gerade in die Lichtung trat. »Er heißt Jamie.«

Mutter trat nicht ins Haus zurück, sondern ging in aller Eile auf Mrs Mackay zu. Ohne den verschlossenen Blick auf dem Gesicht der Frau zu beachten nahm sie sie in die Arme. »Sie haben eine schlimme Zeit durchgemacht, meine Liebe«, hörte ich sie leise sagen. »Kommen Sie herein und lassen Sie Ihren Kummer eine Weile draußen.«

Mrs Mackay ließ sich von Mutter in die Hütte führen. An der Tür drehte sich Mutter um und sah Vater an.

»Bridgets Mutter ist krank. Ich hab ihr gesagt, sie braucht bis morgen nicht wiederzukommen. Ich ruf dich, sobald wir fertig sind«, sagte sie. Dann machte sie die Tür zu.

»Gib mir Jamie«, sagte Jeanie zu ihrem Vater. »Du kannst bei Mr Gordon bleiben. Ich pass auf Jamie auf.«

Ich sah sie überrascht an. Sie klang wie eine Erwachsene. Ihr Vater überließ ihr den Kleinen. Dann marschierte er mit meinem Vater davon. Ich schnappte von ihrer Unterhaltung so viel auf, dass sie von ihrem Leben in Schottland und ihren Problemen hier im Süden Kanadas redeten. Einerseits wäre ich gerne mit ihnen gegangen und hätte zugehört, ich hörte gerne zu, wenn Erwachsene miteinander redeten. Aber ich wusste auch, dass meine Brüder bald zurück sein würden. Ich durfte also keine Zeit verschwenden. Ich hoffte nur, dass Onkel Thomas sich bei seinem Schwatz mit dem Müller Zeit lassen würde.

»Komm hier rüber«, sagte ich zu meiner neuen Freundin, »wir können auf der Bank sitzen.«

Wir saßen nebeneinander und wussten nicht recht, wie wir beginnen sollten. Dann platzte es aus Jeanie heraus. »Vermisst du deine alte Heimat?«

»Ja«, sagte ich spontan. Ich sprach ruhig, denn ich wollte nicht, dass Vater oder Mutter mich hörten. Aber es war so wohltuend, einmal die Wahrheit sagen zu können ohne sich jedes Mal anhören zu müssen, wie toll dieses neue Land war.

»Ich vermisse Granny Ross. Ich vermisse auch meine Katze Furkin und alle Leute, die daheim geblieben sind. Ich vermisse sogar den Bach hinter unserem Haus und das Heidekraut … aber nicht mehr ganz so schlimm wie am Anfang. Ich hatte eine Freundin, Maggie MacTavish hieß sie. Die Familie ging nach Nova Scotia. Seither hatte ich nur Jungen und Erwachsene zum Reden … bis zu diesem Augenblick.«

»Ich vermisse Alastair«, sagte Jeanie. Auch sie sprach leise.

»Wie alt war er?«

»Älter als Jamie. Fast zwei. Er war so lieb … In der Herberge war es schrecklich. Alastair bettelte um frische Buttermilch. Er dachte, er sei zu Hause. Wir konnten ihm keine geben und er weinte immerzu weiter. Dann hörte er auf, doch ich wollte, er hätte weitergeschrien. Und seitdem ist Mam nicht mehr wie früher. Es ist, als läge auf ihr ein böser Zauber.« Jeanie sah ganz erschrocken aus, kaum dass ihr die Worte entschlüpft waren.

Und nun schrie Mrs Mackay in der Hütte plötzlich laut auf. »Er ist nicht mein Kind. Ich will keinen hässlichen Wechselbalg statt meines Alastair!«

»Ganz ruhig«, sagte meine Mutter so tröstend, wie sie es immer tat, wenn Hugh sich die Knie aufgeschürft hatte und sie ihn trösten musste.

»Oh, mein armes Kerlchen! Wie konnte mir Gott bloß

ein unschuldiges Kind auf so grausame Weise nehmen? Ich will das andere nicht behalten, nein, nein!« Die bitteren Worte drangen klar und deutlich durch die Ritzen der Wand nach draußen.

Ich erstarrte und sah Jeanie entsetzt an. Ich hatte bisher nicht begriffen, dass Mrs Mackay *wirklich* vorhatte, Jeanies geliebtes »schönes« Baby wegzugeben.

Die Augen meiner neuen Freundin waren jedoch nur voller Schmerz, nicht etwa weit aufgerissen vor Überraschung.

»Das kann sie nicht wirklich meinen«, sagte ich leise.

»Doch. Sie will ihn nicht haben«, sagte Jeanie ausdruckslos und fasste in Jamies strubbeliges Haar. »Vater hoffte, er könnte sie erweichen, aber sie sagte bloß, wir könnten ihn nicht behalten. Das hab ich dir schon erzählt, aber du hast es nicht geglaubt. Ich weiß, er ist nicht Alastair. Alastair war so wonnig und der kleine Jamie ist nicht wie er. Das versteh ich schon. Es tut ihr weh, in sein fröhliches Gesicht zu sehen. Aber, Elspet, ich mag ihn so sehr. Und er hilft auch Vater den Schmerz zu ertragen.«

Ich wusste nicht, was ich sagen sollte. Natürlich hatte ich von Wechselbälgern gehört. Granny Ross hatte Geschichten erzählt, die von ihnen handelten. Herzlose Feen stahlen einen menschlichen Säugling und ließen einen Wechselbalg dafür zurück. Aber Jamie war doch nicht so ein hässliches kleines Feenwesen! Mochte er auch aussehen wie ein Kobold, er war dennoch ein richtiges Menschenkind. Jeanie würde einen Wechselbalg nie so lieben können wie den kleinen Jamie, das war doch klar.

Mrs Mackay weinte jetzt etwas leiser.

»Das könnt ihr doch nicht tun! Ihr könnt doch nicht sagen, dass ihr ihn nicht behaltet«, flüsterte ich. »Schließlich ist es nicht seine Schuld, dass seine Eltern starben. Ihr seid die einzige Familie, die er jetzt hat.«

In meiner Erinnerung hörte ich Mutter: *Natürlich behalten wir sie. Sie gehört zu uns. Wir sind ihre Familie.*

Und Mutter hatte Fiona und Robbie verloren. Was wäre gewesen, wenn sie gesagt hätte »Sie ist nicht mein Kind«? Wo wäre ich dann geblieben? Was wäre aus mir geworden?

»Meinst du, er weiß es?«, fragte ich leise. Ich konnte nicht ertragen, was dem kleinen Jamie angetan werden sollte.

»Nein«, murmelte Jeanie. »Ich pass auf, dass er nichts mitkriegt. Und sie ist freundlich zu ihm, Elspet … Ich hoffe immer noch, dass irgendetwas sie umstimmt.«

Dann kam Purrkin hinter der Hütte hervorspaziert und Miss Motley kam geziert unter dem Gebüsch hervor.

»Oh, Motley!«, rief Jeanie und vergaß für einen Augenblick jeden Gedanken an ihre Mutter. »Wie kommst du denn hierher?«

»Purrkin, benimm dich«, sagte ich und streckte den Arm nach ihm aus.

Aber die Katzen ignorierten uns. Sie waren noch jung und hatten sich wie wir nach einem Partner zum Spielen gesehnt. Sie gingen aufeinander los, wichen zurück, schlugen mit den Pfoten in die Luft, rückten zur Seite aus und stürzten doch wieder aufeinander los. Es war fast wie ein Tanz. Jamie lachte schallend und griff nach Purrkins Schwanz, erwischte ihn aber nicht. Dann rangelten Purrkin und Motley miteinander wie junge Hunde. Alsbald mussten auch Jeanie und ich hemmungslos lachen.

Genau in dem Augenblick, als mir wieder einfiel, dass Mrs Mackay Jamie einen Wechselbalg genannt hatte, kamen Onkel Thomas, Malcolm und meine Brüder im Gänsemarsch den Pfad herauf. Alle trugen etwas, auch Hugh. Er schleppte einen dicken Kürbis. Die anderen trugen Säcke mit Mehl, das scharfe Blatt einer Sense, Kartoffeln und einen Sack mit anderen Kleinigkeiten.

Ich drehte mich um und wollte Mutter rufen, aber in demselben Augenblick öffnete sich die Tür der Hütte. »Elspet Mary, geh und hilf«, befahl sie. Und zu Mrs Mackay gewandt sagte sie: »Sie müssen zum Essen bleiben.«

»Nicht heute«, sagte Jeanies Mutter wieder. »Wir haben das Haus zurückgelassen, ohne die Arbeit dort zu erledigen. Und dann wird es jetzt so schnell dunkel.«

Die Mackays machten sich bald danach wirklich auf den Weg. Mr Mackay trug wieder Jamie. Er sah meine Mutter dankbar lächelnd an, während er das Kind in seine Armbeuge legte. »Vielen Dank, Mrs Gordon«, sagte er, »meine Frau braucht dringend jemanden, mit dem sie reden kann.«

»Wir alle brauchen einander«, sagte Mutter. »Wir danken Ihrem Hahn. Elspet und ich haben uns besonders nach Nachbarn gesehnt.«

Dann verschwanden die Mackays mit dem kleinen Jamie auf dem Pfad, den Vater ein paar Stunden zuvor durch den Busch geschlagen hatte.

Die Jungen machten sich an ihre Arbeiten, während Mutter dastand und auf die Lücke in den Bäumen blickte, durch die die Mackays verschwunden waren. »Wechselbalg!«, hörte ich sie murmeln.

Daraufhin machte sie kehrt, ging ins Haus zurück und schloss die Tür mit einem entschiedenen Knall. Das stimmte mich froh. *Mir* hatten Mrs Mackays bittere Worte ebenso wenig gefallen.

»Purrkin, jetzt haben wir Nachbarn«, sagte ich und hob den jungen Kater auf den Arm.

Purrkin schnurrte laut und höchst zufrieden.

»Jamie ist kein Wechselbalg«, flüsterte ich in das weiche Fell. »Er ist wonnig. Und er gehört zu ihnen.«

17. Kapitel

Nicht mein Kind

In jener Nacht wachte ich mit einem Ruck auf, noch immer von einem schrecklichen Traum umfangen. Der Mann ohne Gesicht, der mich schon früher in meinen Träumen verfolgt hatte, war wieder erschienen und hatte mich holen wollen. Aber diesmal hatte ich gesehen, wer er war. Es war – Großvater Gordon. Ich war im Traum ganz schnell gerannt; und dann hatte Vater mit dem Haken in einem Feuer gestochert. Ein Holzklotz brach mit einem lauten Knacken auseinander, und davon war ich wach geworden. Ich seufzte erleichtert auf, denn hier war ich in Sicherheit.

Ich rief nicht nach meiner Mutter. Da ich in dem kleinen Bett neben dem großen meiner Eltern schlief, konnte ich sie sehen und hören, sobald ich die Augen aufschlug. Schließlich war ich neun Jahre alt und kein Kleinkind mehr. Außerdem gefiel es mir, sie zu beobachten, ohne dass sie mich sahen. Ich machte die Augen wieder halb zu und blinzelte hinüber. Mutter beugte sich gerade über den Tisch um die

Lampe auszublasen. Sie waren dabei, ins Bett zu gehen. Es musste schon ziemlich spät sein.

Obwohl nun die Lampe nicht mehr brannte, konnte ich immer noch sehen, wie sie sich im Raum bewegten. Durch die einzige Fensterscheibe schien der Mond herein. Auch im Kamin flackerte noch Licht. Es war sehr gemütlich hier drin.

Es waren beruhigende Geräusche: Sie sorgten für das Feuer und räumten auf, zogen sich aus und redeten leise dabei. Ich spitzte die Ohren. Ich hoffte noch einmal zu hören, wie Mutter sagte, dass ich zu ihnen gehörte. Aus Erfahrung wusste ich, dass sie aller Wahrscheinlichkeit nach eher über die Weizenernte oder die Hühnersorte, die Vater kaufen wollte, sprechen würden. Aber ich hoffte dennoch, meinen Namen zu hören.

Vielleicht war der Traum schuld daran, vielleicht hatte es damit zu tun, dass ich das Gespräch über Jamie mit angehört hatte. Jedenfalls hatte ich das heftige Bedürfnis, klar und ohne Zweifel gesagt zu bekommen, dass ich zu ihnen gehörte, dass sie mir gegenüber nichts anderes empfanden, als wenn ich ganz normal in ihre Familie hineingeboren wäre.

Fest in seine Decke eingepackt schnarchte Hugh leise durch den offenen Mund. Ich horchte angestrengt. Und schließlich begann Mutter mit dem für mich so wichtigen Thema.

»Diese arme Frau«, sagte sie. »Es muss schrecklich für sie gewesen sein, ihren kleinen Jungen zu verlieren. Es ist ein Jammer, dass Mr Mackay nicht ein bisschen länger warten konnte mit seiner Entscheidung, den kleinen Jamie aufzunehmen.«

»Er ist ein putziger kleiner Kerl, nicht?«, sagte Vater mit einem Gähnen und lachte dabei. »Hast du sein komisches Grinsen gesehen, Ailsa? Ich hätte brüllen können vor Lachen. Und ihre Jeanie schaute mich dabei die ganze Zeit ernsthaft an und fragte mich, ob ich nicht auch fände, er sei schön. Er sieht ja keinem von ihnen auch nur ein bisschen ähnlich.«

»Er ist ein liebes Kind«, sagte Mutter entschieden. »Ich hab Mitleid mit Janet Mackay, aber sie ist viel zu sehr mit sich selber beschäftigt. Es ist ihr noch nie in den Sinn gekommen, dass ihr Mann und ihr kleines Mädchen auch traurig sind. Sie tut, als habe der Junge nur ihr allein gehört. Aber Mr Mackay und Jeanie leiden auch sehr unter dem Verlust. Sie brauchen dieses kleine Kind. Und außerdem muss der Kleine ja seine Eltern unendlich vermissen.«

Vater zog die Stiefel aus. Das Bett krachte, als er sich mit einem gewaltigen Seufzer darin langlegte. »Betten sind doch was Wunderbares«, sagte er. »Es gibt nichts, was so gut gegen Kümmernisse und Schmerzen wirkt wie der Schlaf in einem richtigen Bett.«

Ich musste grinsen, aber Mutter fand sein Gerede unpassend und ignorierte es. »Ich hätte ihr beinahe von Elspet erzählt«, murmelte sie. »Ich werd es bei passender Gelegenheit nachholen. Ich weiß, was die arme Frau durchmacht. Ich war ja auch ganz verzweifelt, als mir Fiona und Robbie genommen wurden. Damals war ich überzeugt, ich würde niemals wieder lachen.«

»Aber du wolltest Elspet vom ersten Augenblick an, als Rolf sie dir in den Arm legte«, sagte Vater. Er klang inzwischen hellwach. »Ich weiß noch, wie du sie hieltest und sagtest, sie könne bei uns bleiben.«

»Natürlich«, sagte Mutter leise lachend, denn sie erinnerte sich ebenfalls. »Sie sah mit deinen Augen zu mir hoch, und außerdem brauchte sie ganz nötig eine Mutter. Ich war geschlagen, bevor ich überhaupt Zeit zum Nachdenken hatte.«

»Du meinst Kirstys Augen.«

»Deine Augen auch«, sagte meine Mutter. »Ihr habt beide die gleichen Augen. Du weißt, ich liebte sie vom ersten Augenblick an, wo ich sie in den Arm nahm, wie du sagst. Aber ich hatte vier Monate Zeit, um über meinen Verlust wegzukommen, William. Es kommt mir vor, als habe Mrs Mackay einfach zu wenig Zeit gehabt.«

»Die Familie des Kleinen starb wahrscheinlich zur gleichen Zeit wie der Junge der Mackays. Der arme Mann hatte gar keine andere Wahl«, sagte Vater zur Verteidigung von Jeanies Vater.

»Kirsty war deine Schwester, aber als Rolf Elspet zu uns brachte, hast du mich nicht gedrängt ...«

»Bei dir war Drängen nicht nötig, Liebling«, sagte er und gähnte wieder. »Ich hätte sie dir nicht mal mit Gewalt entreißen können. Erzähl es Mrs Mackay, wenn du findest, dass es sein muss. Aber sei behutsam. Du darfst Elspet dabei nicht verletzen. Sie hat bestimmt vergessen, dass sie vor so langer Zeit zu uns gekommen ist. Ich bezweifle, dass sie sich noch an ihren Vater erinnert. Auch an Kirsty hat sie vermutlich keine Erinnerung mehr.«

»Ich glaube schon, dass sie sich noch erinnert. Elspet Mary hütet ihre Geheimnisse. Ich werde behutsam sein, William. Aber diese Frau muss zur Vernunft gebracht werden, sonst passiert in der Familie noch eine Tragödie. Ihr wird nämlich das Herz brechen, wenn sie sich von diesem Knirps wieder trennt.«

»Vielleicht sieht sie es ja von selber ein ...«

»Die nicht. Sie ist wie dein Vater. Sie hat sich nun einmal entschlossen; und dann hat sie einen sturen Schottenschädel. Es ist durchaus denkbar, dass sie an ihrem Entschluss festhält, selbst wenn die Welt um sie herum in Stücke fällt.«

Es folgte ein langes Schweigen. Ich dachte schon, Vater sei eingeschlafen. Dann raffte er sich noch einmal auf. »Na ja,

Ailsa, du bist ein Fachmann im Flicken gebrochener Herzen«, murmelte er. Er klang von Minute zu Minute schläfriger.

»Ich werde mit Elspet reden. Die Zeit dafür ist ohnehin gekommen«, sagte Mutter mit unterdrückter Stimme. Es hörte sich fast an, als redete sie mit sich selbst.

Ich wartete auf Vaters Antwort. Stattdessen begann er zu schnarchen. In Kürze atmeten beide ganz tief. Ich lag wach und dachte nach über das, was ich gehört hatte. Sie hatten mich tatsächlich haben wollen, von Anfang an. Gut.

Und dann kamen auf einmal die Zweifel. Mutter dachte *jetzt*, dass sie mich immer geliebt hatte. Aber an jenem Abend, hatte sie mich da wirklich gewollt? Hatte sie nicht in ihrem tiefsten Herzen ein paar Sekunden lang gezögert? Hatte sie mein Dad gezwungen, mich aufzunehmen? Hatte sie vielleicht nur zugestimmt, weil niemand anderes da war?

Die abscheulichen Fragen prasselten auf mich herunter wie Hammerschläge. Kälteschauer durchrieselten mich, während ich mit aller Gewalt versuchte, mich an damals zu erinnern. Mutter hatte mich fest an sich gedrückt. Ich hatte mich ganz und gar sicher gefühlt. Und doch, hatte Mutter vielleicht insgeheim gewünscht, Dad würde mich wieder mitnehmen? Wenn er zu Großvaters großem Haus geritten wäre, hätten sie da gesagt »Sie gehört nicht zu uns. Sie sieht keinem in der Familie ähnlich«?

Purrkin drängte sein Schnurrbartgesicht unter mein Kinn, aber ich merkte es kaum. Er leckte mir die Nase mit seiner rauen Zunge. Schließlich schob ich die Hand hoch und streichelte sein glattes Fell, aber ich war mit den Gedanken immer noch nicht bei ihm.

Wechselbalg, musste ich denken. Und ich hörte, wie Mrs Mackay die schrecklichen Worte schrie: »Er ist nicht mein Kind!«

Vielleicht, ja vielleicht hatte mich meine Familie aufgenommen, weil es ihre Pflicht war. Vielleicht stimmten sie ja eigentlich Großmutter Gordon zu, wenn sie sagte: »Sie ist kein bisschen wie wir.«

18. Kapitel

Herzenskind

———

Am nächsten Morgen wollte ich nicht aufstehen.

»Komm schon, du Langschläferin«, sagte Mutter schließlich und zog mir die warme Decke weg. »Wir haben heute eine Menge zu tun.«

Bridget war kurz nach Sonnenaufgang zurückgekommen. Wir schufteten alle drei den ganzen Morgen über. Ich verabscheute alles und konnte Mutter nicht ins Gesicht sehen, fühlte mich matt und durcheinander.

»Was ist los, Elsie? Bist du heute mit dem falschen Fuß aus dem Bett gestiegen?«, neckte mich Bridget.

»Nenn mich nicht Elsie«, murmelte ich.

Bridget lachte. Am liebsten hätte ich in ihr blödes Gesicht gehauen, aber ich schwieg und arbeitete weiter. Mutter schien meine trübsinnige Stimmung nicht zu bemerken.

Die Jungen polterten rein und raus. Hamish brachte die Milcheimer. Charlie hackte Kleinholz für das Feuer und trug es in die Holzkiste. Hugh krabbelte uns dauernd zwischen den Beinen herum. Sein Mundwerk stand keinen Augenblick still. Er machte einen Krach wie die Eichhörnchen in den nahen Bäumen, wenn sie uns beschimpften.

Auch Mutter und Bridget schwatzten. Bridget hatte beim Besuch ihrer Familie eine Menge Klatsch gehört. Das Einzige, was mein Interesse weckte, war die Nachricht, dass man plante, in Ennotville eine Bibliothek einzurichten. Ich hätte gerne mehr erfahren, aber ich mochte nicht fragen.

Und dann kam, spät am Morgen, Mr Mackay und brachte die Kinder.

»Meiner Frau geht es nicht gut«, sagte er mit besorgtem Blick. »Wenn Sie Zeit hätten, heute ein bisschen nach unseren Kindern zu sehen, täten Sie ihr einen großen Gefallen. Sie hat sich immer noch nicht von den Strapazen der Reise erholt. Ich hab es inzwischen fast aufgegeben, sie dazu zu bewegen, den kleinen Kerl zu akzeptieren. Sie scheint fest entschlossen zu sein, ihn nicht zu behalten. Morgen werd ich wohl anfangen müssen, eine andere Familie für ihn zu finden.«

»Natürlich kann ich die Kinder hier behalten«, sagte Mutter. Dann lachte sie. »Das passt überhaupt ausgezeichnet in meinen Plan. Es tut mir Leid, dass Ihre Frau krank ist, aber die Kinder nehme ich mit Vergnügen. Sie können Bridget mit nach Hause nehmen. Sie ist ein nettes, praktisches Mädchen und kann Ihre Frau ein bisschen verwöhnen.

Ich seh zu, dass Ihre Kinder heut Abend wieder nach Hause kommen.«

»Danke«, sagte Mr Mackay einfach.

Bridget hüpfte vor Freude fast durch die Lichtung. Eine kranke Frau zu pflegen war die reinste Erholung gegen die Arbeit hier bei uns, wo sie beim Kochen helfen und hinter der ganzen Schar der Gordons herräumen musste.

Jeanie und ich arbeiteten im Küchengarten. Meine Schwermut verflog etwas, während wir jäteten. Es war alles viel einfacher, wenn man mit jemandem die Aufgaben teilen konnte. Dann schickte Mutter uns zum Bach, wo wir Kresse pflücken sollten. Wir plantschten mit nackten Füßen im kalten Wasser, bis wir Gänsehaut kriegten.

Am späten Nachmittag rief Mutter Jeanie.

»Es wird Zeit, dass du nach Hause gehst«, sagte sie verschmitzt. »Vielleicht möchte deine Mutter, dass du dich um sie kümmerst? Hamish geht mit dir durch den Wald und bringt zugleich Bridget zurück. Und dann hab ich hier noch eine kleine Notiz, die du deiner Mutter geben sollst.«

Jeanie streckte die Arme aus nach Jamie, aber Mutter hielt sie auf. »Ich behalt ihn ein bisschen hier«, sagte sie mit funkelnden Augen. »Mach dir keine Sorgen, Kind. Ich hab alles in dem Brief erklärt. Geh ruhig. Aber achte darauf, dass deine Mutter meinen Brief liest, sobald du nach Hause kommst.«

Jeanie guckte unsicher. Aber Mutter war ganz entschieden. Schließlich gab Jeanie dem kleinen Jamie einen Kuss und marschierte los in Richtung Wald. Hamish ging großspurig neben ihr her, hocherfreut, dass ihm ihr Schutz anvertraut worden war. Mutter sorgte dafür, dass er einen kräftigen Stock bei sich hatte.

»Warum hast du Jamie hier behalten?«, fragte ich, nachdem die beiden außer Hörweite waren.

Mutter gab Jamie ein paar leere Garnrollen zum Spielen. Dann setzte sie sich hin und zog mich zu sich heran.

»Ich habe einen Plan«, sagte sie. »Aber zuerst will ich dir eine Geschichte erzählen. Einiges davon kennst du, aber ich muss ganz sicher sein, dass du nichts vergessen und alles verstanden hast.«

Ich wollte mich zuerst losreißen, brachte es aber doch nicht fertig. Den ganzen Tag hatte ich mich danach gesehnt, den Kopf an ihre Schulter zu lehnen und ihre Arme fest um mich zu spüren. Ich ahnte bereits, dass die Geschichte alles wieder zurechtrücken würde. Ich wollte so sehr wieder die einzige Elspet Mary meiner Mutter sein. Ich sehnte mich danach, wieder das gehätschelte Kind zu sein, das ich gewesen war, seit mich Dad in ihre Arme gelegt hatte.

»Es war einmal ein Junge, der hieß William. Er hatte drei Brüder und eine kleine Schwester mit dem Namen Kirsty«, begann Mutter. »Als sie größer wurden, stellte sich heraus, dass Kirsty schön anzusehen war. Sie wurde so hübsch, dass ihre Eltern Angst um sie bekamen und versuchten, sie vor der Welt zu schützen. Sie umgaben sie mit tausend Regeln und hielten ihr Predigten von Flammen und Höllenpein. Natürlich hatte die junge Kirsty den Drang, sich davon zu befreien. Dann kam ein besonders gutherziger Seemann ins Tal. Er verliebte sich in das schöne Mädchen und machte ihr einen Heiratsantrag.«

»Hast du ihn gesehen?«, unterbrach ich sie, fasziniert von der Wendung, die ihre Geschichte nahm. So hatte ich sie noch nie gehört!

»Ja«, sagte Mutter. »Ich fand ihn auch sehr liebenswert. Aber er hatte nur Augen für Kirsty. Ihre Eltern hatten Angst, ihre bezaubernde Tochter zu verlieren, und verboten ihr daher, ihn wieder zu sehen.«

Ich bewegte mich unbehaglich. Mutter wartete, bis ich wieder richtig zuhörte. Dann fuhr sie fort:

»Kirsty konnte den Gedanken, Rolf zu verlieren, nicht ertragen. Also brannte sie mit ihm durch«, sagte sie mit einem Unterton von Trauer in der Stimme. »Sie war erst fünfzehn und alle vermissten sie schrecklich. Niemand wusste, wohin sie gegangen war. Ihre Familie war außer sich vor Kummer.«

»Das war schäbig von ihr«, sagte ich. Ich wünschte, meine Mam wäre so lieb gewesen, wie sie schön war.

»Ein bisschen schäbig«, sagte Mutter zustimmend. »Aber wenn sie sich tatsächlich geweigert hätte, Rolf je wieder zu sehen, dann hätte *ich* dich nie getroffen, mein Schatz. Und jetzt sei still, während ich dir den Rest erzähle. Rolf und Kirsty heirateten und nach ein paar Jahren bekamen sie ein kleines Mädchen und tauften es Elspet Mary. Kirsty schrieb uns und teilte uns mit, dass sie ein Kind hatte. Dann musste Rolf wieder zur See fahren und Kirsty starb durch einen Unfall. Gütige Nachbarn nahmen die kleine Elspet Mary bei sich auf, bis der Vater von seiner Fahrt nach Hause kam. Als er erfuhr, dass er seine Kirsty verloren hatte, brachte er sein kleines Mädchen zu Kirstys Bruder William und seiner Frau Ailsa und bat sie, sich um das Kind zu kümmern.«

Mutter hielt einen Augenblick inne. Dann fuhr sie mutig fort: »Granny Gordon hätte dich wohl bei sich aufgenommen, glaube ich, aber dein Vater wollte dich nicht bei ihnen lassen. Und ich hätte dich ohnehin nicht gehen lassen, mein Herzenskind. Von dem Augenblick an, wo du deine Händchen aus dem Schal gestreckt und sie mir um den Hals gelegt hattest, warst du mein eigenes Kind. Ich hatte zwei Kinder verloren, so wie Jeanies Mutter ihren kleinen Sohn. Ich brauchte dich genauso sehr, wie du mich brauchtest. Du warst ein bezauberndes kleines Kind.«

Die Kälte in mir schmolz wie Schnee an der Mittagssonne. Das Wort »Herzenskind« war Balsam für meine

Seele. Ich lehnte den Kopf an Mutters Schulter, als sei ich in Hughs Alter und nicht etwa fast zehn Jahre alt.

»Warum hast du mir von Kirsty nicht früher erzählt?«, fragte ich.

»Wegen Hamish«, sagte Mutter und war darüber fast genauso überrascht wie ich. »Er sagte immer, du seist seine Schwester. Wir haben es dabei gelassen. Wenn du gefragt hättest, hätte ich dir alles erklärt. Aber das hast du nie getan. Dein Vater schlug vor, wir sollten deinen Namen der Einfachheit halber in Gordon ändern, und in seinem Testament bat er uns, dich rechtmäßig zu adoptieren. Du warst vorher offiziell Elspet Mary Iveson, das weißt du vielleicht noch. Wir haben dich immer als unser Kind betrachtet, aber die Adoption machte das auch für die anderen klar. Erinnerst du dich überhaupt an deine Mutter?«

Ich versuchte, mir meine ersten Erinnerungen ins Gedächtnis zu rufen, aber die Arme, die mich hielten und wiegten, waren immer die von Mutter gewesen. Ich schüttelte etwas unsicher den Kopf. Das wenige, das mir noch gegenwärtig war, bestand aus einem Lied, einem Stiefmütterchen und einer körperlichen Nähe, die so weit weg war, dass sie nicht mehr zählte.

»Es ist nicht überraschend. Du warst noch so klein«, sagte Mutter. Sie fuhr mit der Hand über mein blondes Haar. »Ich glaube nicht, dass Hamish noch weiß, dass du nicht seine richtige Schwester bist. Wenn er es weiß, spricht er jedenfalls nicht davon.«

Plötzlich lachte ich laut auf. Ich fühlte mich leicht wie eine Feder, wie eine Seifenblase, die in einem Sommerlüftchen davonschwebt. Und ich fühlte mich gleichzeitig frei und sicher.

»Was hast du für einen Plan?«, sagte ich halb im Traum.

»Wart's ab«, sagte Mutter. Sie stellte mich auf den Boden und begann dann, das Maisbrot für den Tag anzusetzen. »Vielleicht funktioniert er auch nicht.«

»Wie lange muss ich warten?«, drängte ich.

»Etwa eine Stunde«, sagte sie. »Und nun nimm den Besen und kehr den Boden. Das hilft die Zeit vertreiben.«

19. Kapitel

Mutters Plan

———

Ich war ganz und gar nicht sicher, was nun eintreten sollte. Dann endlich hörte ich draußen Schritte, die auf die Hütte zugestürmt kamen.

Die Tür flog mit Schwung auf. Mrs Mackay stand vor uns und sah aus wie eine Furie. Direkt hinter ihr stand Jeanie, die trotz des langen Fußmarsches bleich vor Angst war. Der Sonnenhut hing ihr auf den Rücken hinunter und einer ihrer Zöpfe war aufgegangen.

Mrs Mackay war beinahe krebsrot im Gesicht. »Wo ist er?«, schrie sie meine Mutter an. »Wo ist mein Kind?«

Und dann sah sie Jamie. Er saß auf dem Boden und spielte zufrieden mit Mutters Knopfdose. Mrs Mackay stürzte sich auf ihn und drückte ihn an sich.

»Mein Plan hat Ihnen also nicht gefallen?«, sagte meine Mutter. »Ich dachte, Sie wären vielleicht erleichtert, wenn Sie von diesem hässlichen Wechselbalg befreit würden.«

»Gott möge mir verzeihen, dass ich jemals etwas so Abscheuliches gedacht habe«, sagte Mrs Mackay. Sie ließ sich auf das Sofa fallen und drückte Jamie an sich, bis er brüllte. »Mr Mackay hat mir gesagt, dass er sich bald nach einer neuen Familie umsehen wolle, und ich hab nicht darüber nachgedacht. Dann kam Jeanie mit Ihrem Brief. Ich las, was Sie schrieben, und versuchte mir vorzustellen, wie unser Leben ohne den kleinen Wicht aussehen würde. Das hat mir fast das Herz gebrochen. Wir sind den ganzen Weg gerannt. Ich rief Bridget zu, sie solle auf meinen Mann warten und ihm sagen, dass ich auf dem Weg zu Ihnen sei. Ich hatte die verrückte Vorstellung, ich würde hier ankommen und feststellen, dass das Kind verschwunden ist.«

»Genauso dachte ich es mir«, sagte Mutter. »Sehen Sie, ich hatte einen Jungen und ein Mädchen, die beide an Diphtherie starben, und zwar nicht lange bevor mir Elspet anvertraut wurde. Dass sie damals zu mir kam, war ein Geschenk des Himmels. Ich fürchtete, das Kind könnte Ihnen genommen sein, bevor Sie wussten, wie sehr Sie es liebten. Das wäre eine Tragödie gewesen. Ihr Mann und Jeanie brauchen den Kleinen, das müssen Sie auch bedenken.«

»Ich weiß es, Mrs Gordon, aber Sie hätten mir mit Ihrem Brief fast einen Schlaganfall verschafft. Was hätten Sie dann meinem Mann erzählt?«, fragte Mrs Mackay.

Und dann begannen beide zu lachen.

Ich wollte nicht länger im Raum bleiben. Ich wusste, ich

war Mutters Mädchen. Und ich wusste auch, dass es nichts gab, was daran etwas hätte ändern können. Jetzt wollte ich mit Jeanie spielen. Wir hatten nicht viel Zeit. Bald würde Mrs Mackay feststellen, dass sie unbedingt nach Hause musste, um für ihren Mann etwas zu essen zu kochen.

»Komm, Jeanie«, zischte ich.

Jeanie verstand sofort. Sie stand auf und wir schlichen uns geräuschlos wie zwei Mäuse aus dem Raum.

Jeanie wunderte sich noch immer, als wir in der späten Nachmittagssonne vor der Hütte standen. Meine Aufmerksamkeit jedoch erregte ein Korb, den jemand neben die Tür gestellt hatte. In dem Korb flatterte und gluckste es aufgeregt.

»Was ist denn das?«, fragte ich und kniete hin um hineinzuschauen.

»Oh, Vater muss auch hier sein«, sagte Jeanie jetzt lachend. »Er sagte heute Morgen, er wolle deiner Mutter eine Henne und einen jungen Hahn bringen. Wir hatten eigentlich die Absicht, ihn zu verspeisen, ehe ihr neulich bei uns aufgetaucht seid. Vater meinte jedoch, das sei undankbar, da uns der Hahn so nette Nachbarn gebracht habe. Ich frag mich, wo eure Bridget ist. Die zwei müssen uns gefolgt sein und das Geschenk hier mitgebracht haben. Wahrscheinlich haben sie sich gesagt, dass hier alles in Ordnung ist, und helfen jetzt im Stall.«

»Ja, ja, da sind sie«, sagte ich. »Ich höre Bridget singen. Sie singt der Kuh immer was vor, während sie sie melkt.«

Purrkin schlich inzwischen um den Korb herum. Seine gelben Augen leuchteten. Er machte einen Buckel und hob den Schwanz, sodass er doppelt so groß wirkte, wie er war.

»Nein, Purrkin«, sagte ich und stieß sein Mäulchen weg, »die sind nicht zum Fressen, auch nicht für dich. Am besten, Vater baut gleich einen hübschen, sicheren Stall.«

»Deine Mutter ist ... sie ist großartig«, kam es schließlich von Jeanie. Ihr Gesicht strahlte vor Freude, seit sie schließlich begriffen hatte, was in Mutters Brief tatsächlich gestanden hatte. »Mam war außer sich, als sie den Brief gelesen hatte. Glaubst du, deine Mutter hätte Jamie wirklich zu sich genommen, wenn Mam sich darauf versteift hätte, dass sie ihn nicht haben wollte?«

Ich setzte mich auf die breite Treppe und ließ mir die Frage durch den Kopf gehen. Aber dann fand ich, dass es hier nichts zum Nachdenken gab. Ich wusste die Antwort so sicher, wie ich wusste, dass ich Elspet Mary Gordon hieß.

»Natürlich hätte sie das getan«, sagte ich zu Jeanie. »Aber Gott sei Dank brauchte sie es nicht zu tun. Ich finde Jamie niedlich, aber drei Brüder sind genug.«

»Ich vermisse meinen Bruder«, sagte Jeanie heiser. »Mam merkt das überhaupt nicht, aber auch Vater und ich vermissen Alastair ganz schrecklich.«

187

Ich wusste, dass dies stimmte. Tief in meinem Innern war immer noch etwas, das bei dem bloßen Gedanken an Verlust zusammenzuckte. Ich streckte die Hand aus und pflückte ein Stiefmütterchen, hielt die weichen Blütenblätter an meine Wange und fühlte mich besser.

»Vielleicht merkt sie es jetzt«, sagte ich langsam. »Meine Mutter verlor zwei Kinder, bevor sie mich bekam. Irgendwie wird sie mit ihrer Erfahrung deiner Mutter helfen.«

»Das hat sie schon getan.«

Der kleine Hahn im Innern des Korbes versuchte zu krähen. Das scheppernde Geräusch, das er zuwege brachte, klang so komisch, dass Jeanie und ich in Gelächter ausbrachen. Ich saß immer noch neben dem Korb, lehnte mich nun darüber und sprach durch den geflochtenen Deckel auf ihn ein. »Reg dich nicht auf, kleiner Hahn. Du bist in einer neuen Welt, aber genau an dem Platz, an den du gehörst. Jeanie und ich wollten unsere Heimat auch nicht verlassen, aber wir haben es doch getan. Und jetzt ist unsere Heimat hier.«

Jeanie setzte sich neben mich und schaute verträumt in den goldenen Septembernachmittag. »Ja«, sagte sie so leise, dass ich ihre Worte kaum verstehen konnte, »dies ist unsere neue Heimat. Hier sind wir zu Hause. Endlich sind wir alle heimgekehrt.«

Nachwort

Dieses Buch wäre nicht geschrieben worden ohne meine Vorfahren, die ihre Familie auf den Britischen Inseln verließen und uns auf diese Weise, ohne dass sie uns gekannt hätten, zu Kanadiern machten.

James Dow, ein Maurer, der als Kind von Schottland nach Kanada kam, baute unser jetziges Haus im Jahre 1857 für seine Frau Elspet und die Familie, die sie zusammen haben wollten. Ich gab meiner Heldin Elspet als Vornamen, um auf diese Weise den Dows meinen Dank abzustatten. Den Bau des Hauses verlegte ich um zehn Jahre vor ins Jahr 1847, sodass ich Elspet genau hundert Jahre früher an meinem Geburtstag zur Welt kommen lassen konnte. Sie schreibt ihr Buch in dem »Geburtszimmer«, das jetzt mein Arbeitszimmer ist. In einem gewissen Sinne wurde sie selbst in diesem Zimmer geboren, da ich darin zum ersten Mal von ihr erzählte.

Mein Dank gilt in gleicher Weise vielen vergangenen und

gegenwärtigen Schriftstellern, die mir ein Gefühl für die Zeit vermittelten, in der die Familien Ross und Gordon lebten, und die unzählige meiner Fragen beantworteten. Die zwei Personen, denen ich am meisten verdanke, sind David Beattie und Barbara Greenwood. Daves Buch über den Nichol-Distrikt zur Zeit der Pioniere lieferte mir nicht nur eine Fülle von Hintergrundmaterial, sondern enthielt auch die Anekdote, die mich überhaupt erst zum Schreiben animierte. Er erzählt von einer Familie, die erst feststellte, dass sie Nachbarn hatte, als sie einen Hahn krähen hörte, und die dann einen Weg durch den Busch schlug, um seine Besitzer zu finden. Barbara Greenwood vermittelte mir so nützliche Fakten wie: Was für Kleider trugen die Leute damals, was aßen sie, wie arbeiteten sie, wie sahen ihre Häuser aus? Sie tat das einmal in ihrem Buch *Pioneer Story* und zum anderen las sie das Manuskript dieses Buches und wies mich auf Fehler oder Unwahrscheinlichkeiten hin. Ohne die Hilfe dieser beiden wäre meine Geschichte nie geschrieben worden.

Mein Dank gilt außerdem den folgenden Personen, die ich entweder befragte oder deren Bücher ich las: Janet Lunn, die das Manuskript zu einem früheren Zeitpunkt las und mir versicherte, es würde ein gutes Buch daraus, Marianne Brandeis, Claire Mackay, Bonnie Callen, Archivarin im Wellington County Museum, Helen Cunningham, Linda Bawden, Tim und Lydia Sullivan, Susanna Moodie und Catharine

Parr Traill, Louisa May Alcott, Ben Wicks, Rosemary Sutcliff und Robert Burns.

Die historisch korrekten Informationen stammen von ihnen. Wenn an der Geschichte etwas nicht stimmt, dann liegt es sicher an mir. Wenn ihr einen wirklich haarsträubenden Fehler entdeckt, dann schreibt mir; und wir wollen versuchen, ihn in einer späteren Ausgabe zu korrigieren.

Ich weiß, dass Elspets Text moderner klingt, als wenn sie ihre Geschichte wirklich 1847 geschrieben hätte; ich weiß auch, dass das Schottisch ihrer Familie sich nicht so breit anhört, wie es die Leute damals tatsächlich sprachen. Ich wollte vermeiden, dass meine Leser Schwierigkeiten haben zu verstehen, was da gesprochen wird. Meine eigene Mutter konnte, als sie klein war, das breite Schottisch ihrer Großmutter nicht verstehen.

Es machte mir großen Spaß, Elspet bei der Abfassung ihrer Geschichte zu helfen. Aber es ist ihre Geschichte und ich möchte ihr dafür danken, dass sie ein Buch übernommen und zum Leben erweckt hat, das ursprünglich in der dritten Person verfasst worden war. Sobald sie die Feder, die ihr Granny Ross gab, in die Hand genommen hatte, wurde das Buch viel lebendiger, und für mich war es sehr angenehm, ihr bis zum Ende zu helfen.

Jean Little

JEAN LITTLE wurde 1932 in Taiwan geboren, wo ihre Eltern als Missionsärzte tätig waren. Am Ende von Jeans erstem Schuljahr kehrte die Familie nach Kanada zurück. Inzwischen war erkannt worden, dass die kleine Jean an einer unheilbaren Augenkrankheit litt, sie war nahezu blind. Aber ihr Lese- und Bildungshunger war so groß, dass sie sich gegen alle Widerstände nicht nur eine Schulausbildung erkämpfte, sondern auch das Studium. Ihre große Liebe galt von jeher der Literatur. Schon während des Studiums begann sie selbst zu schreiben und veröffentlichte mit 22 Jahren ihr erstes Buch. In deutscher Sprache erschienen u. a. »Alles Liebe – Deine Anna« (Auswahlliste zum Deutschen Jugendliteraturpreis), »Der Ruf der Eule« sowie ihr autobiographischer Bericht »Little Jean – Ein Leben wie ein Roman«.